JN403292

사랑스러운 우리 아이를 위한

엄마의 첫 태교자수

사랑스러운
우리
아이를 위한

엄마의 첫 태교 자수

수노리 스튜디오 **강미연** 지음

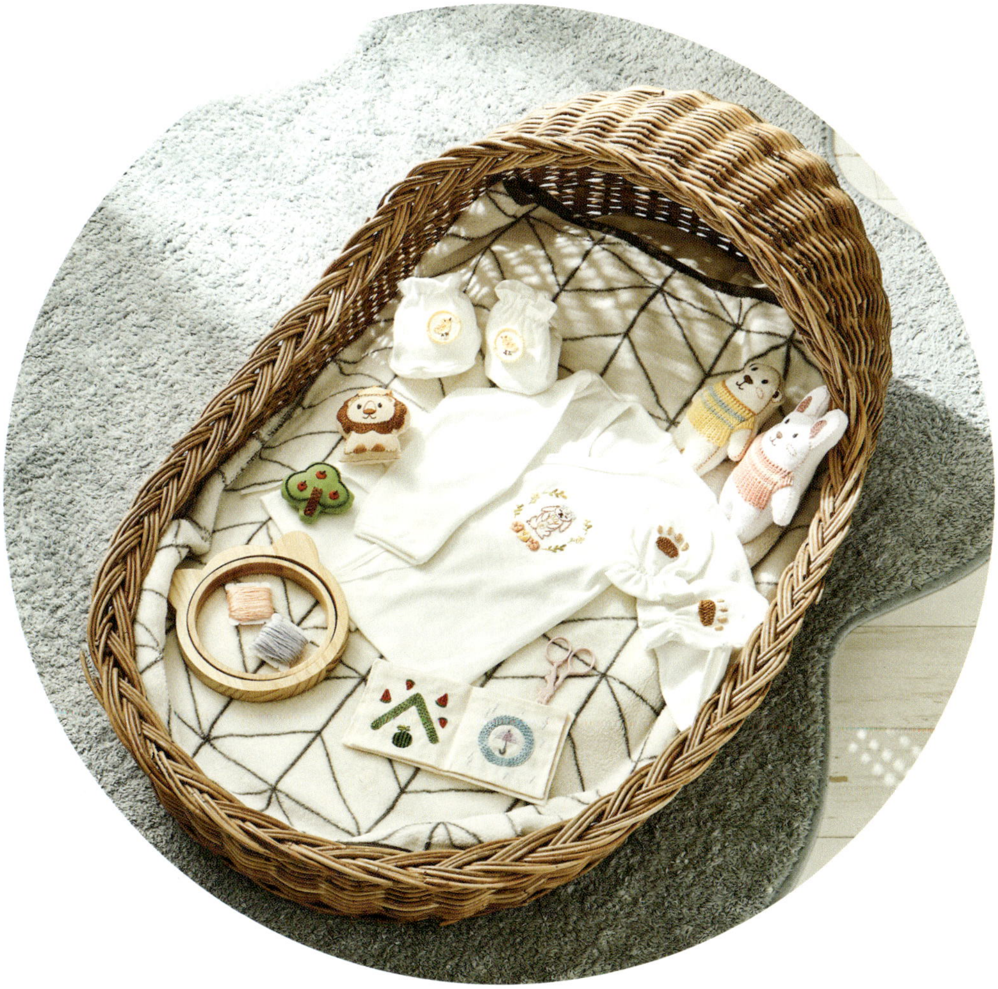

CYPRESS
싸이프레스

Prologue

'처음'이란 언제나 설레는 말입니다.

지금까지 살아오며 수많은 처음이 존재했지만,
엄마로서의 처음은 지금까지 만난 그 어느 것에도 비할 바 없이
의미가 크다고 생각합니다.

아이를 기다리는 일은 설레지만, 걱정도 들 수 있어요.
경험한 적 없는 일이기에 '잘 해낼 수 있을까'라는
불안한 마음마저 생기게 되지요. 바느질도 처음에는 어색하지만
수를 놓다 보면 어느새 손에 익듯이, 아직은 두렵고
자신 없는 엄마의 역할도 반드시 척척 해낼 수 있게 될 거예요.

서툴러도 괜찮답니다. 처음부터 모든 걸 잘하는 사람은 없습니다.
조금 서투르더라도 씩씩하게 커갈 아이에게 따뜻한 힘이 될 수 있는
엄마의 마음을 수놓아 보세요. 완벽한 바느질이 아니더라도 사랑이
듬뿍 담긴, 세상에 하나뿐인 멋진 작품이 완성될 거예요.
한 땀씩 수놓다 보면 아이와의 만남에 한 걸음, 또 한 걸음
다가가게 될 것입니다.

열 달 동안 배 속 아이와 함께 손끝으로 세상을 그려 보세요.
내 기다림의 시간이 처음 세상을 경험하게 될 아이의 행복한 순간이
되길 바라며, 세상의 모든 엄마의 첫 시작을 응원합니다.

강미연

작품을 만들 때 알아야 할 요소들을 한 페이지에 보기 쉽게 구성했어요!

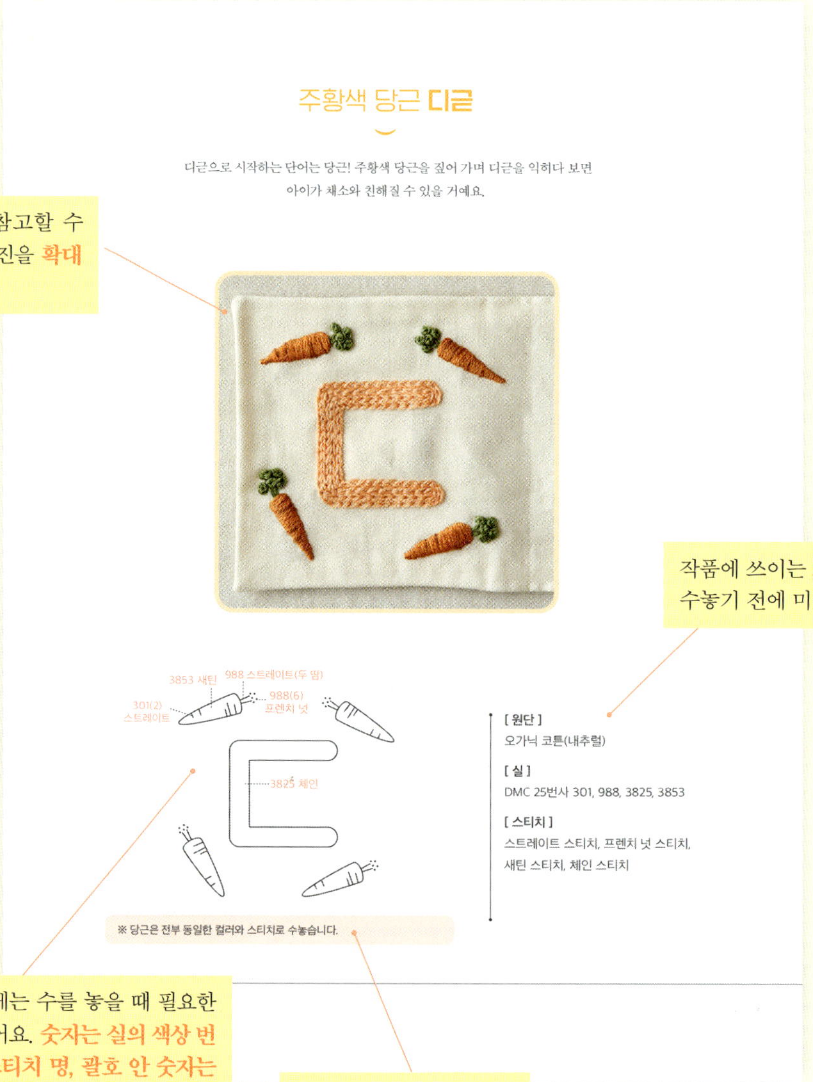

수를 놓을 때 참고할 수 있도록 완성 사진을 **확대**해서 넣었어요.

작품에 쓰이는 **재료**입니다. 수놓기 전에 미리 준비하세요.

작업 가이드에는 수를 놓을 때 필요한 정보를 담았어요. **숫자는 실의 색상 번호, 글자는 스티치 명, 괄호 안 숫자는 실의 올 수**입니다. 괄호가 없는 것은 무조건 3올이에요.

작품을 완성할 때 필요한 **Tip**이 있어요.

책 뒤편의 Stitch index에서 20가지 스티치를 한눈에 볼 수 있어요!

Stitch index

책 속에 나오는 20가지 스티치를 쉽게 찾아볼 수 있도록
마련한 페이지입니다. 각 스티치의 완성 모습을 한눈에 확인할 수 있고,
QR코드를 통해 해당 스티치의 수놓는 방법을 동영상으로도 볼 수 있답니다.
수놓는 과정을 다시 글과 사진으로 천천히 복습해 보고 싶은 분을 위해
수록 페이지도 표시했어요.

QR코드를 통해 해당 스티치의 수놓는 방법을 **동영상**으로 볼 수 있어요.

각 스티치의 **완성 모습**을 확인할 수 있어요.

스트레이트 스티치 • 다시 보기 34p

러닝 스티치 • 다시 보기 35p

백 스티치 • 다시 보기 36p

아우트라인 스티치 • 다시 보기 37p

레이지 데이지 스티치 • 다시 보기 39p

레이지 데이지+스트레이트 스티치 • 다시 보기 40p

프렌치 넛 스티치 • 다시 보기 41p

링 스티치 • 다시 보기 42p

스티치의 **기본 설명**과 **과정 사진**이 수록된 페이지를 확인하세요.

Mother's First Stitch Lesson

Contents

Prologue _ 4
이 책을 보는 방법 _ 6

Basic guide
프랑스 자수의 재료 & 도구 _ 10
프랑스 자수 시작하기 _ 14
프랑스 자수 완성하기 _ 22

Stitch lesson
프랑스 자수 스티치 20

스트레이트 스티치 _ 34
러닝 스티치 _ 35
백 스티치 _ 36
아우트라인 스티치 _ 37
레이지 데이지 스티치 _ 39
레이지 데이지+스트레이트 스티치 _ 40
프렌치 넛 스티치 _ 41
링 스티치 _ 42
스플릿 스티치 _ 43
새틴 스티치 _ 44
카우칭 스티치 _ 47
피시본 스티치 _ 48
체인 스티치 _ 49
서클 버튼홀 스티치 _ 51
번들 스티치 _ 52
블리온 스티치 _ 53
스파이더 웹 로즈 스티치 _ 54
롱 앤 쇼트 스티치 _ 55
위빙 스티치 _ 57
실론 스티치 _ 58

How to make
엄마의 마음을 담은 자수

· 띠 ·
풍요로운 미래의 쥐 _ 64
의롭고 씩씩한 소 _ 66
용맹함의 대표 호랑이 _ 68
총명하고 영특한 토끼 _ 70
전설의 리더 용 _ 72
재물이 풍족한 뱀 _ 74
건강하고 활기찬 말 _ 76
온화하고 평화로운 양 _ 78
다재다능 원숭이 _ 80
성실함의 상징 닭 _ 82
신의를 지키는 개 _ 84
복을 부르는 돼지 _ 86

백 스티치로 수놓기 _ 88

· 손 & 발싸개 ·
젤리 가득 발바닥 손싸개 _ 94
토끼 어린이 손싸개 _ 96
호랑이 어린이 손싸개 _ 98
콩콩 병아리 발싸개 _ 100
꽃길만 걸어요 발싸개 _ 102

· 턱받이 & 옷 ·
꼬마 요리사 턱받이 _ 106
엄마 곰과 아기 곰 턱받이 _ 110
허그 토끼 배냇저고리 _ 113

· 돌잡이 ·
국가 대표 선수의 축구공 _ 118
세상을 발전시키는 연필 _ 120
정의를 실현하는 판사봉 _ 122
시대를 이끄는 마우스 _ 124
생명을 살리는 청진기 _ 126
전 세계를 누비는 비행기 _ 128
모두의 사랑을 받는 마이크 _ 130
행복한 무병장수 실타래 _ 132

· 인형 ·
사랑 가득 러브 베어 _ 136
애정 듬뿍 러브 래빗 _ 142
포근포근 스웨터 베어 _ 148
사랑스러운 스웨터 래빗 _ 151

· 모빌 ·
숲속의 파티 모빌 _ 153

· 책 ·
별님 달님 우리 아이 첫 초점 책 _ 174
하나 둘 셋 숫자 책 _ 186
기역 니은 디귿 한글 책 _ 210

영어 이니셜 수놓기 _ 242

Stitch index _ 246
실물 도안집 _ 249

Basic guide

프랑스 자수의 재료 & 도구

프랑스 자수에 필요한 재료와 도구를 소개합니다.
아이 소품에 사용하는 특별한 재료들도 함께 알려드려요.
정확한 사용법을 익혀 한 땀 한 땀 수를 놓아 보세요.

천

_ 오가닉 코튼
오가닉 면 원단으로 예민한 아기의 피부에 닿는 소품을 만들 때 사용합니다.

_ 오가닉 테리 타월
오가닉 원단으로 아기의 인형을 만들 때 사용합니다. 부드러우며 신축성이 있는 소재입니다. 타월 같은 원단이라 수놓을 때 실을 너무 당기면 원단에 묻혀 수가 잘 보이지 않을 수 있으니 주의가 필요합니다.

_ 리넨
자수를 할 때 주로 사용하는 천입니다. 물에 닿으면 수축되는 성질이 있으니 자수를 놓기 전에 미리 물에 담가 두었다가 말린 후 사용합니다. '워싱 리넨'을 사용하면 세탁 없이 바로 수를 놓을 수 있습니다. 다양한 색상이 있어 수놓을 때 선택의 폭이 넓습니다.

심지

_ 수성 심지
도안을 옮길 때 사용합니다. 도안 위에 수성 심지를 올려 따라 그린 후 원하는 천에 올려 수놓습니다. 자수를 완성한 후 흐르는 물에 녹이면 제거됩니다.

_ 실크 접착 심지
실크 접착 심지는 수놓은 뒷면을 깔끔하게 마무리할 때 붙이거나 천이 얇은 경우 덧대는 심지입니다. 아이의 몸이 닿는 부분이라면 실크 접착 심지를 붙여 주세요. 만졌을 때 살짝 거친 면이 접착 풀이 있는 면입니다. 풀이 있는 면을 천에 맞대어 다림질하여 붙여 줍니다.

수틀

수를 놓을 때 천이 우는 것을 방지하기 위해 사용합니다. 원형, 타원형, 사각형 등 다양한 형태와 크기가 있습니다. 도안의 크기와 형태에 맞는 수틀을 사용하는 것이 편리합니다.

프랑스 자수 바늘

천을 잘 통과할 수 있도록 끝이 뾰족한 것이 특징입니다. 사용하는 실의 올 수에 따라 바늘을 다르게 사용합니다. 번호가 클수록 얇은 바늘이며 실의 올 수에 맞는 바늘을 선택하는 것이 중요합니다.

Tip __ 크로버 프랑스 자수 바늘 기준 3번 바늘은 실 6올, 9번 바늘은 실 1올을 사용합니다.

DMC 25번사

자수를 할 때 가장 많이 사용하는 실입니다. 화사하고 다양한 색감과 광택이 특징인 면사입니다. 6올이 1줄로 뭉쳐 있어 필요에 따라 실을 풀어서 사용합니다. 보통 한 번 사용 시 60cm(팔 길이) 정도로 잘라 사용합니다.

DMC 4번사

DMC 25번사 6올보다 조금 더 굵습니다. 여러 올이 뭉쳐진 DMC 25번사와는 달리 1올로 되어 있어 필요한 길이만큼 잘라서 그대로 사용합니다. 촉감이 포근하며 따스한 느낌의 컬러가 특징입니다. 6올용 바늘을 사용하면 좋습니다.

보빈

실을 보관할 때 감아두는 실패입니다. 실의 색상 번호를 표시해서 보관하면 편리합니다.

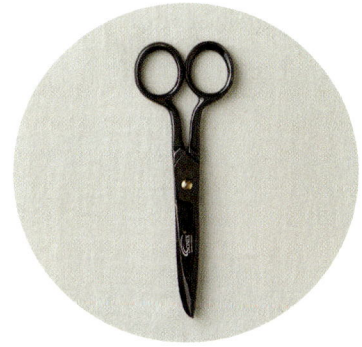

원단 가위

천을 자를 때 쓰는 가위입니다. 다른 재료를 자를 때 사용하면 날이 무뎌지니 꼭 원단 전용으로 사용합니다.

자수 가위

실을 자를 때 사용하는 가위입니다. 끝이 뾰족하며 실 외에 다른 것을 자르면 금방 망가질 수 있으니 주의합니다.

기화펜
시간이 지나면서 자연스레 잉크가 기화해 사라지는 펜입니다. 날씨나 습도에 따라 잉크가 사라지는 시간은 다릅니다.

수성펜
물에 닿으면 지워지는 펜입니다. 먹지로 옮긴 도안이 보이지 않거나 스티치 중 보조선이 필요한 경우에 사용합니다.

트레이싱지(기름종이)
뒷면이 비치는 종이로 도안을 옮길 때 사용합니다. 도안을 따라 네임펜(가는 글씨용)이나 연필로 덧그립니다.

셀로판지
도안을 옮길 때 도안 위에 덧대 사용합니다. 도안이 그려진 트레이싱지가 찢어지는 것을 방지하고 도안을 수월하게 옮기도록 해줍니다.

수성 먹지(차콜 페이퍼)
도안을 천에 옮길 때 사용합니다. 자수 작품 완성 후 먹 자국은 물로 지울 수 있습니다. 짙은 색 천의 경우 흰색 먹지를 사용합니다. 흰색 천의 경우 잘 지워지는 클리어 타입을 사용하면 좋습니다. 클리어 타입은 습도에 예민하니 도안이 사라지는 것을 방지하려면 지퍼백에 보관합니다.

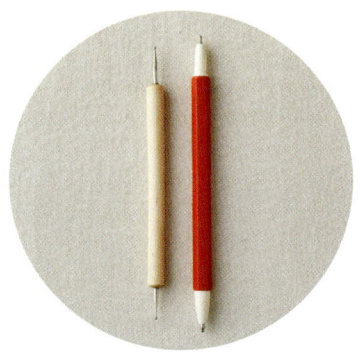

도트펜(철필)
트레이싱지에 그린 도안을 천에 옮길 때 사용합니다. 도안을 따라 먹지를 눌러, 먹 자국이 천에 묻어나도록 합니다. 잉크가 나오지 않는 펜으로 대체 가능합니다.

테이프
도안을 천에 고정하거나 셀로판지를 도안에 고정할 때 사용합니다. 재접착 테이프를 사용하면 제거할 때 편리합니다.

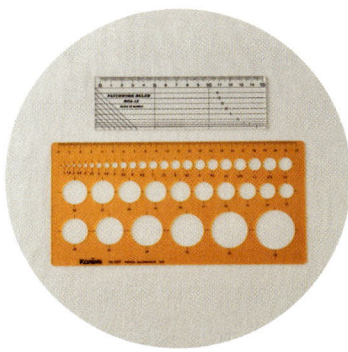

자
똑바로 그리기 어려운 직선과 원을 그릴 때 사용합니다.

시침핀
천이나 도안을 고정할 때 사용합니다.

시침실
천과 수성 심지, 천과 다른 천을 임시로 고정할 때 사용합니다. 25번사 1올 정도의 굵기로 세게 당기면 끊어집니다.

솜
인형처럼 속을 채우는 작품에는 주로 방울솜을 사용합니다. 솜이 동글동글하게 생겨서 오래 사용해도 잘 뭉치지 않습니다. 넣기가 불편해도 고르게 채울 수 있습니다. 일반 솜으로도 대체 가능하며 그럴 경우, 솜이 덩어리지지 않도록 주의하며 넣어 줍니다.

Basic guide

프랑스 자수 시작하기

수를 놓기 전에 알아두면 도움이 되는 것들을 모았어요. 어색할 수 있는 용어들을 미리 확인하고 자수 도구의 구체적인 사용법을 익혀 보세요. 차근차근 따라 읽으며 수놓을 준비를 해 보아요.

미리 알아두는 자수 용어

한 땀

스티치 한 번을 말합니다.

천을 뜬다

바늘을 천에서 완전히 빼지 않은 상태를 말합니다.

마무리한다

천 뒷면에서 매듭지어 자수를 끝내는 것을 말합니다.

바늘을 뺀다

천 뒤에서 앞으로 바늘을 통과시키는 것을 말합니다.

바늘을 넣는다

천 앞에서 뒤로 바늘을 통과시키는 것을 말합니다.

천에 도안 옮기기

✕ 수성 먹지 사용하기

1 원하는 도안을 연필이나 펜으로 트레이싱지에 옮겨 그립니다.

2 트레이싱지를 수놓을 천 위에 올립니다. 트레이싱지의 위쪽과 왼쪽을 테이프(혹은 시침핀)로 고정합니다.

3 천과 트레이싱지 사이에 수성 먹지를 넣습니다. 이때 먹지 부분이 천을 향하게 합니다. 셀로판지나 비닐로 트레이싱지를 덮습니다.

4 도안을 따라 도트펜(철필)으로 눌러 그리면 천에 도안이 옮겨집니다. 트레이싱지를 들춰 보며 도안이 잘 옮겨지는지 확인하면서 그립니다.

✕ 수성 심지 사용하기

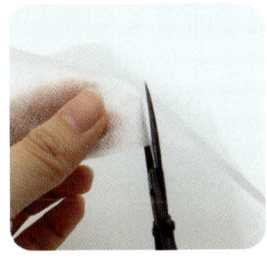   

1 수성 심지를 도안을 덮고도 남을 크기로 자릅니다.

2 수성 심지를 도안이 그려진 종이 위에 올립니다.

3 비치는 도안을 연필로 따라 그립니다.

4 도안이 그려진 수성 심지를 수놓을 천 위에 올립니다. 이때 도안이 뒤집히지 않도록 주의합니다.

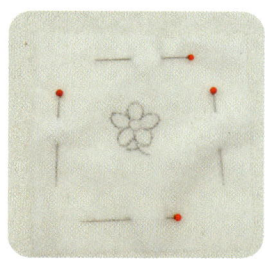 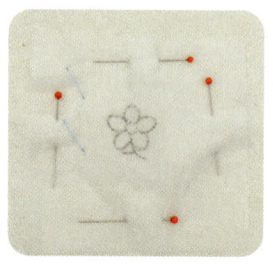 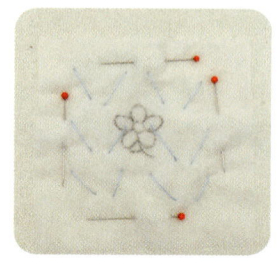

5 시침핀으로 천과 수성 심지를 고정합니다.

6 시침실로 한 땀씩 수놓아 천과 수성 심지를 함께 고정합니다.

7 전체적으로 V 자 형태의 땀을 수놓아 천과 수성 심지를 고정합니다.

Tip — 시침실로 고정한 후에는 시침핀을 제거합니다.

보빈에 실 감기

  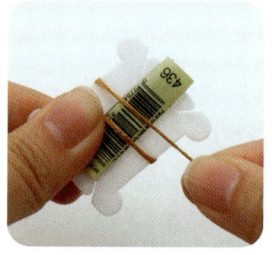 

1 실을 풀어 줍니다. 색상 번호가 있는 쪽에서 실을 잡고 당기면 쉽게 풀 수 있습니다.

2 색상 번호가 적힌 부분을 반으로 접어 보빈과 함께 잡습니다.

3 실 한쪽 끝을 함께 잡고 실을 보빈에 감습니다.

4 다 감은 후 실의 끝부분을 사진처럼 보빈에 걸어 줍니다.

천에 수틀 끼우기

 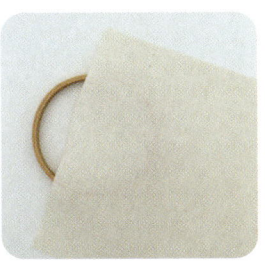  

1 수틀을 분리합니다. 수틀은 작은 수틀과 나사가 있는 수틀로 나뉩니다.

2 작은 수틀을 천 밑에 넣어 도안이 원 안에 위치하도록 자리를 잡습니다.

3 나사가 있는 수틀을 씌워 끼웁니다.

4 나사를 조여 천을 고정합니다.

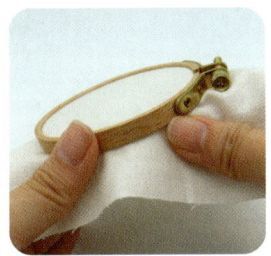

5 천의 올이 고르게 되도록 수틀 바깥쪽에서 천을 팽팽하게 당겨 정리합니다.

바늘과 실 준비하기

1 실을 필요한 길이만큼 자릅니다. 보통 60cm 길이로 자릅니다.

2 한 손으로 실 끝부분을 가볍게 잡고 다른 한 손으로 실 1올을 잡아 당깁니다. 필요한 올 수만큼 반복합니다.

3 반으로 접은 실을 바늘에 걸어 당깁니다.

4 실이 접힌 부분을 손으로 지그시 누릅니다.

5 실이 접힌 부분을 바늘귀에 밀듯이 넣습니다.

6 바늘귀로 나온 실을 잡아 당겨 바늘에 실을 꿰어 줍니다.

7 한쪽 실 끝을 바늘에 2번 감습니다.

8 한 손으로 감은 부분을 잡고 다른 한 손으로 바늘을 잡아 끝까지 당기면 매듭이 만들어집니다.

9 매듭 뒤에 남은 실은 짧게 잘라 정리합니다.

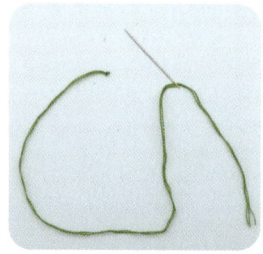

10 바늘을 기준으로 매듭 쪽 실은 길게 두고 반대편 실은 전체 길이의 1/3만 남겨둡니다.

자수 후 실 마무리하기

※ 1~7은 수놓은 천의 뒷면입니다.

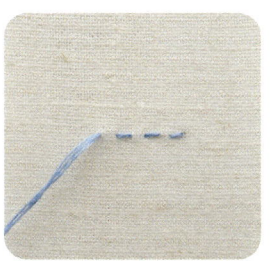

1 스티치가 완료되면 실을 천 뒤로 뺍니다.

2 바늘에 실을 2번 감습니다.

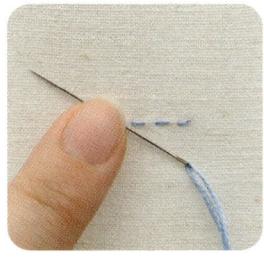

3 감은 부분을 손으로 누르고 바늘을 뺍니다.

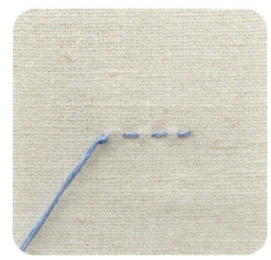

4 매듭이 만들어집니다. 매듭 뒤에 남은 실을 잘라 정리합니다.

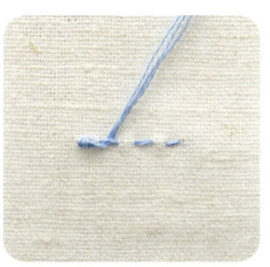

5 실을 깔끔하게 정리하고 싶을 때는 남은 실을 자르지 않고 옆 땀으로 걸어 줍니다.

6 두 땀 정도 건 후 가위로 실을 자릅니다.

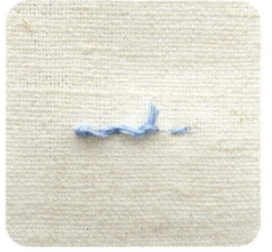

7 사진처럼 마무리됩니다.

공그르기

 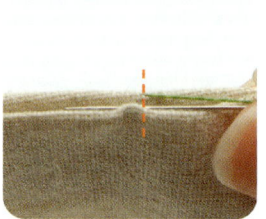  

1 공그르기를 할 부분을 잡고 위쪽 천에서 바늘을 뺍니다.

2 바늘이 나온 자리와 같은 위치의 아래쪽 천에서 한 땀 뜹니다.

3 위쪽 천을 한 땀 뜹니다.

4 아래쪽과 위쪽 천을 번갈아 한 땀씩 뜹니다.

5 끝난 위치에 매듭을 짓습니다.

6 매듭지은 위치에서 천 바깥쪽으로 바늘을 넣습니다.

7 실을 끝까지 당겨 매듭을 천 안쪽으로 숨긴 후 잘라 완성합니다.

리본 만들어 달기

✕ 끈이 있는 리본

1 실을 풀어 정리한 후 리본으로 묶습니다.

2 리본을 원하는 위치에 놓은 후 매듭의 위쪽으로 바늘을 뺍니다.

3 리본 매듭의 아래쪽으로 한 땀 고정합니다.

4 실을 잘라 리본 길이를 정리하여 완성합니다.

✕ 끈이 없는 리본

1 리본을 달 위치로 바늘을 뺍니다.

2 옆으로 바늘을 넣습니다. 이때 리본을 만들 길이만큼 실을 남깁니다.

3 고리의 중앙 위쪽으로 바늘을 뺍니다.

4 고리를 눌러 리본 모양을 만든 후 아래쪽으로 바늘을 넣어 완성합니다.

Basic guide

프랑스 자수 완성하기

한 땀 한 땀 정성스레 수놓은 작품을 더 멋지게 완성해 볼까요? 용도에 맞게 마무리하면 세상에 하나뿐인 손싸개, 턱받이, 모빌, 책이 탄생할 거예요.

알아두면 좋은 자수 완성법

먹과 수성펜 자국 지우기
작품 완성 후 물이 묻은 면봉으로 자국을 지웁니다. 세게 문지르면 자수가 상할 수 있으니 주의합니다.

자수 후 수성 심지 제거하기
작품 완성 후 흐르는 따뜻한 물에 여러 번 헹구면 심지가 녹아 사라집니다. 덜 헹구는 경우, 심지 성분이 실에 남아 뻣뻣해질 수 있으니 주의합니다.

다림질하기
수건이나 천을 두고 그 위에 자수를 놓은 천을 뒤집어 올립니다. 천의 뒷면을 펴 다림질합니다(먹과 펜 자국은 전부 지운 후 다립니다).

접착 심지 붙이기
심지를 자수 크기에 맞게 자릅니다. 심지의 까슬한 면을 수놓은 천 뒷면에 맞대고 수건이나 다른 천을 덮어 다림질합니다.

천 세탁하기
물에 중성세제를 푼 후 담가 세탁합니다. 아기용 세제를 사용합니다.

> **Tip**
>
> **아이 용품을 수놓을 때 주의할 점**
> - 자수 실을 고를 때 물 빠짐이 있을 수 있는 진한 색은 피합니다. 실의 색상 번호 옆에 점이 있으면 세탁 시 물 빠짐이 있을 수 있다는 뜻입니다.
> - 수놓기 전에 원단을 꼭 세탁합니다.
> - 턱받이나 배냇저고리에 수놓을 경우, 천 뒷면에 실크 접착 심지를 붙여 깔끔하게 마무리합니다.

캔버스 액자 만들기

 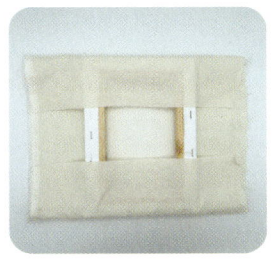 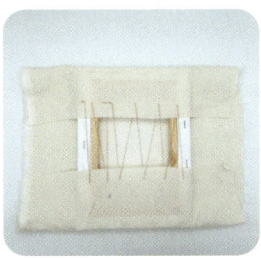 

1 캔버스에 작품을 감싸 위치를 잡습니다.

2 1을 뒤집어 위쪽과 아래쪽의 천을 접습니다.

3 사진처럼 실로 길게 한 땀씩 오고 가며 천을 고정합니다.

4 작품의 모서리 부분은 깔끔한 모양으로 접습니다.

 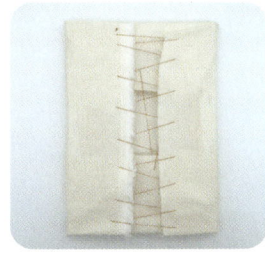 

5 테이프나 시침핀으로 고정하면 임시로 형태를 잡을 수 있어 편리합니다.

6 나머지 부분도 3과 동일하게 실로 고정합니다.

7 액자 완성입니다. 뒷면에 펠트지를 붙이면 더 깔끔하게 마무리할 수 있습니다.

와펜 만들기   ※ 6~9는 작품의 뒷면입니다.

1 수놓은 천 앞면에 감침질할 선을 수성펜으로 그립니다. 천을 펠트지 위에 올립니다.

2 시침실로 크게 한 땀씩 수놓아 천과 펠트지를 함께 고정합니다.

3 바깥쪽 선을 따라 가위로 자릅니다.

4 감침질할 실을 준비하여 천과 펠트지 사이에서 시작합니다.

5 감침질 선을 따라 감침질합니다.

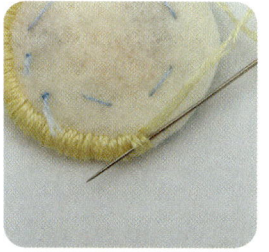

6 실이 끝난 경우 와펜을 뒤집어 줍니다. 이미 감침질을 한 부분 2~3줄을 바늘로 걸어 줍니다.

7 6에서 건 부분이 겹쳐지도록 다시 2~3줄 걸어 실을 뺍니다.

8 7과 같이 다시 한번 실을 건 후 길게 바늘을 뺍니다.

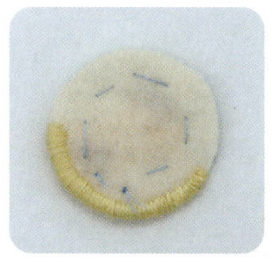

9 실을 잘라 마무리합니다.

10 나머지 부분도 동일하게 감침질합니다. 시침실을 잘라 와펜을 완성합니다.

원형 오브제 만들기

※ 1, 3~7은 수놓은 천의 뒷면입니다.

1 작품을 뒤집어 줍니다. 수놓은 부분에서 0.5~0.7cm 간격을 두고 수성펜으로 박음질할 선을 그립니다. 창구멍도 표시합니다.

2 천 앞면에 다른 천을 포개어 덮습니다.

3 시침핀으로 천 2장을 고정합니다.

4 창구멍을 제외한 나머지 부분을 박음질(백 스티치)합니다. 시침핀은 제거합니다.

5 0.5~0.7cm 시접을 두고 선을 그립니다.

6 5에서 그린 선을 따라 가위로 자릅니다.

7 테두리 부분은 가위로 살짝씩 잘라서 가위집을 냅니다.

8 창구멍으로 천을 뒤집은 후 도트펜 혹은 펜으로 안쪽을 밀어 모양을 정리합니다.

9 솜을 넣습니다.

10 창구멍을 공그르기로 막아 완성합니다.

불규칙한 형태 오브제 만들기 ※ 1, 3~7은 수놓은 천의 뒷면입니다.

1 수놓은 천을 뒤집어 줍니다. 수놓은 부분에서 0.5~0.7cm 간격을 두고 수성펜으로 박음질할 선을 그립니다. 창구멍도 표시합니다.

2 천 앞면에 다른 천을 포개어 덮습니다.

3 시침핀으로 천 2장을 고정합니다.

4 창구멍을 제외한 나머지 부분을 박음질(백 스티치)합니다.

Tip — 앞면에 장식 스티치가 있을 경우, 함께 박음질하지 않도록 주의합니다.

5 0.5~0.7cm 정도 시접을 두고 선을 그립니다.

6 5에서 그린 선을 따라 가위로 자릅니다.

7 꺾어지거나 곡선 부분은 가위로 살짝씩 잘라 가위집을 냅니다. 모서리 부분은 아래쪽 Tip을 참고합니다.

8 창구멍으로 천을 뒤집은 후 도트펜 혹은 펜으로 안쪽을 밀어 모양을 정리합니다.

9 솜을 넣습니다.

10 창구멍을 공그르기로 막아 완성합니다.

Tip

튀어나온 모서리 부분의 경우, 사진처럼 대각선으로 자릅니다.

인형 만들기   ※ 1~5는 수놓은 천의 뒷면입니다.

Tip

자수가 앞뒤로 수놓인 인형의 경우, 수놓인 면끼리 포개어 위치를 맞춘 후 시침핀으로 고정합니다.

1 수놓은 천을 뒤집어 줍니다. 수놓은 부분에서 수성펜으로 0.4cm 간격을 두고 박음질할 선, 박음질 선에서 또 0.5cm 시접을 두고 선을 그립니다.

2 3cm 창구멍을 표시합니다. 천 앞면에 다른 천의 앞면을 포개어 시침핀으로 고정합니다.

3 박음질 선을 따라 박음질(백 스티치)합니다.

4 바깥쪽 선을 따라 천을 자릅니다.

5 곡선이나 각진 부분은 가위로 살짝씩 잘라 가위집을 냅니다.

6 창구멍으로 천을 뒤집습니다.

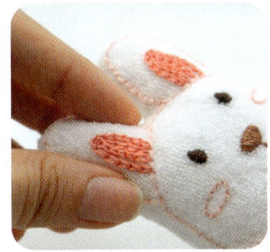

7 도트펜 혹은 펜으로 안쪽을 밀어 모양을 정리합니다.

8 솜을 넣습니다.

9 인형을 주물러 솜이 고르게 들어갈 수 있도록 합니다.

10 창구멍을 공그르기로 막아 완성합니다.

반제품에 작품 달기

※ 본문의 '호랑이 어린이 손싸개(98p)'를 예로 들었습니다.

1 작품을 고정시킬 위치를 잡습니다.

2 반제품 앞면에서 바늘을 뜬 후 당깁니다. 매듭이 반제품 안쪽으로 들어가지 않게 주의합니다.

3 고정시킬 작품을 한 땀 뜬 후 실을 끝까지 당깁니다.

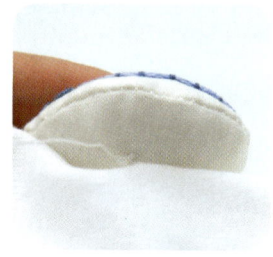

4 **2~3**을 3~4번 반복한 후 반제품 앞면에서 실을 묶어 마무리합니다.

5 사방을 동일하게 고정해 완성합니다.

모빌 만들기

1 모빌 맨 아래에 위치할 인형을 고릅니다. 인형의 윗부분 중앙에 사진처럼 바늘을 통과시킵니다.

2 모빌 중간에 폼폼이를 넣을 경우, 모빌 줄의 원하는 위치에 매듭을 짓습니다. 폼폼이에 사진처럼 바늘을 통과시킵니다.

3 폼폼이를 매듭 부분까지 당겨 위치를 잡습니다.

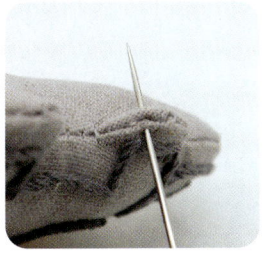

4 다음에 올 인형을 고릅니다. 인형의 아랫부분 중앙에 바늘을 통과시킵니다.

5 인형의 뒷면에서 매듭을 지어 실을 자릅니다.

6 인형 윗부분 중앙에 사진처럼 바늘을 통과시켜 실을 연결합니다.

7 모빌대 끝에 실을 걸어 줍니다.

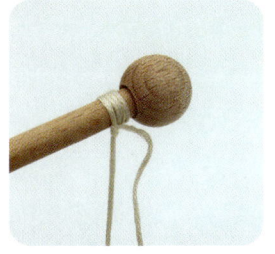

8 실을 2~3번 감은 후 묶어서 고정합니다. 튼튼하게 고정하고 싶으면 글루건으로 붙여 줍니다.

9 모빌을 걸 인형 1줄이 완성되었습니다. 나머지 인형도 동일하게 작업해 완성합니다.

책 만들기　※1~6은 수놓은 천의 뒷면입니다.

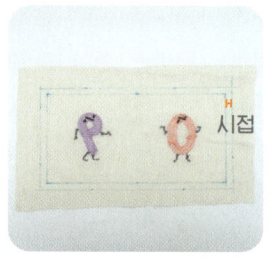   

1 수놓은 천 뒷면에 수성펜으로 박음질할 선을 그립니다. 박음질 선에서 0.7cm 시접을 두고 선을 그립니다.

2 바깥선을 따라 천을 자릅니다. 천 2장의 앞면끼리 포갭니다.

3 모서리 부분에 시침핀을 고정하면 위치를 잡기가 편리합니다.

4 사진처럼 시침핀으로 천 2장을 고정합니다.

5 4cm 창구멍을 표시한 후 이를 제외하고 박음질 선을 따라 박음질(백 스티치)합니다.

6 모서리 부분을 사진처럼 대각선으로 자릅니다.

7 창구멍으로 천을 뒤집은 후 도트펜 혹은 펜으로 안쪽을 밀어 모양을 정리합니다.

8 옆면은 천을 눌러 모양을 잡습니다.

Tip

○ 책을 통통하게 만들고 싶다면 솜을 넣습니다.

○ 책을 만졌을 때 소리가 나게 만들고 싶다면 셀로판지를 넣습니다.

9 창구멍을 공그르기로 막습니다.

10 책의 나머지 페이지도 동일한 방법으로 만듭니다.

11 반을 접습니다. 수성펜으로 가운데에 선을 그립니다.

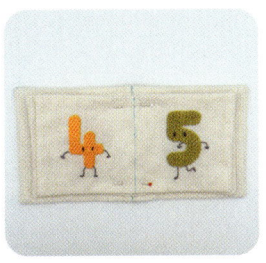

12 페이지를 책 순서대로 포갠 후 중앙선의 위치가 맞도록 시침핀으로 고정합니다.

13 사진을 참고해 러닝 스티치를 시작합니다. 시작 부분은 2~3번 감아 튼튼하게 만듭니다.

14 선 끝까지 러닝 스티치를 수놓습니다. 끝부분을 튼튼하게 2~3번 감아 책을 완성합니다.

프랑스 자수 기법은 정말 다양하지만 그중에서 초보자들이 알아두면 좋을
기본 스티치만 골랐어요. 가장 많이 사용하는 스티치들이라 잘 익히면 다른 스티치도 쉽게
따라 할 수 있을 거예요. 이 20가지 스티치면 책 속의 모든 작품을 만들 수 있어요.
과정 사진을 보며 천천히 따라 해 보세요.

Stitch
lesson

프랑스 자수 스티치 20

1 스트레이트 스티치	8 링 스티치	15 번들 스티치
2 러닝 스티치	9 스플릿 스티치	16 블리온 스티치
3 백 스티치	10 새틴 스티치	17 스파이더 웹 로즈 스티치
4 아우트라인 스티치	11 카우칭 스티치	18 롱 앤 쇼트 스티치
5 레이지 데이지 스티치	12 피시본 스티치	19 위빙 스티치
6 레이지 데이지+스트레이트 스티치	13 체인 스티치	20 실론 스티치
7 프렌치 넛 스티치	14 서클 버튼홀 스티치	

× 과정별 사진과 자세한 설명으로 기본 스티치 20가지를 익혀 보세요.
스티치를 어떻게 활용하면 좋을지를 알려주고 참고할 수 있는 팁도 소개합니다.

× 스티치의 완성 사진을 한눈에 보고 싶다면 246p의 Stitch index를 참고하세요. 각 스티치의 수놓는 법을 영상으로 볼 수 있는 QR코드도 있어서 자수 기법을 익힐 때 유용하답니다.

스트레이트 스티치

가장 기본적인 스티치로 바늘을 천에 넣고 빼면 만들어집니다.
한 땀의 길이가 너무 길어지지 않도록 주의하며 수놓습니다.

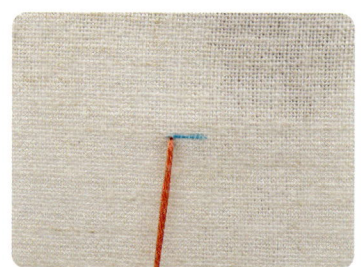

1 왼쪽 시작점에서 바늘을 뺍니다.

2 한 땀 이동해 바늘을 넣어 스트레이트 스티치를 완성합니다.

러닝 스티치

점선처럼 생긴 스티치로 '홈질'이라고도 합니다. 처음 한 땀의 길이와 간격은 마음대로 정할 수 있지만 이후에는 균일하게 수놓습니다.

1 오른쪽 시작점에서 바늘을 뺍니다.

2 왼쪽으로 한 땀씩 연속해서 천을 뜹니다.

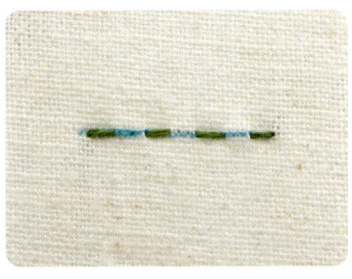

3 도안 길이만큼 이동 후 바늘을 넣어 러닝 스티치를 완성합니다.

자수가 처음인 분을 위한 러닝 스티치 Tip

1 왼쪽 시작점에서 바늘을 뺍니다.

2 한 땀 이동해 바늘을 넣습니다.

3 천 뒷면에서 한 땀 이동해 바늘을 뺍니다.

4 한 땀 이동해 바늘을 넣습니다.

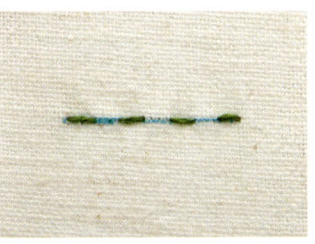

5 도안 길이만큼 반복해 러닝 스티치를 완성합니다.

백 스티치

'박음질'이라고도 불리는 튼튼한 스티치입니다. 백 스티치만으로도 작품을 만들 수 있습니다. 고딕체의 글씨를 수놓을 때도 적합합니다.

1 오른쪽 시작점 한 땀 앞에서 바늘을 뺍니다.

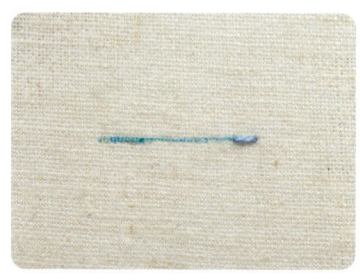

2 오른쪽으로 이동해 시작점에 바늘을 넣습니다.

3 2의 땀에서 한 땀 앞으로 이동해 바늘을 뺍니다.

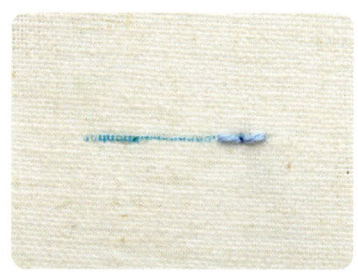

4 오른쪽으로 이동해 2의 스티치와 연결되도록 바늘을 넣습니다.

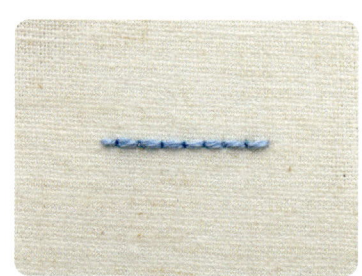

5 도안 길이만큼 반복해 백 스티치를 완성합니다.

아웃라인 스티치

선과 면으로 사용이 가능해 활용도가 높은 스티치입니다.
실을 같은 방향으로 똑같이 수놓아야 고른 모양으로 완성할 수 있습니다.

1 왼쪽 시작점에서 바늘을 뺀 후 실을 아래로 내립니다.

2 오른쪽으로 한 땀 이동해 왼쪽으로 반 땀 천을 뜹니다.

3 실을 끝까지 뺀 후 아래로 내립니다.

4 다시 오른쪽으로 한 땀 이동해 앞의 스티치와 붙도록 반 땀 떠서 실을 뺍니다. 실은 아래로 내립니다.

5 도안 길이만큼 반복합니다.

6 도안 끝부분으로 바늘을 넣고 마무리해 아웃라인 스티치를 완성합니다.

아우트라인 스티치로 각진 곳 수놓기

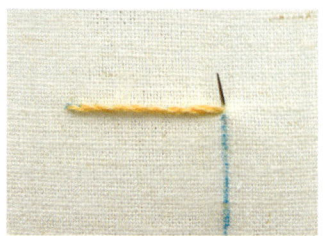

1 수놓을 방향의 반대 방향으로 살짝 이동해 바늘을 뺍니다.

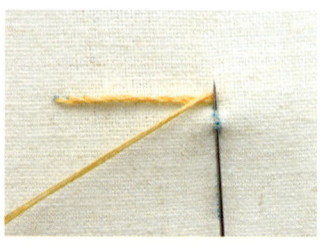

2 수놓을 방향으로 한 땀 이동해 반대 방향으로 반 땀 천을 떠서 아우트라인 스티치를 합니다.

3 도안 길이만큼 반복해 마무리합니다.

아우트라인 스티치로 곡선 수놓기

1 곡선의 바깥쪽으로 실을 내려서 천을 뜹니다.

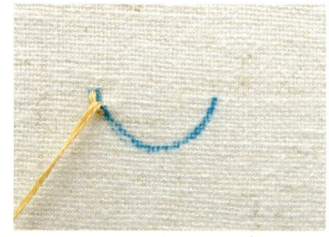

2 실이 곡선의 바깥쪽으로 향하도록 아우트라인 스티치를 합니다.

Tip
곡선에서는 한 땀의 크기를 작게 하면 섬세하게 수놓을 수 있습니다.

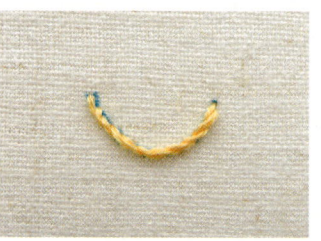

3 도안 길이만큼 반복해 마무리합니다.

레이지 데이지 스티치

고리를 고정하는 형태의 스티치입니다.
실을 바늘에 걸 때 얼마나 당기느냐에 따라 뾰족하거나 둥그렇게 수놓을 수 있습니다.
한 개를 수놓으면 잎, 여러 개를 둥글게 수놓으면 꽃이 만들어집니다.

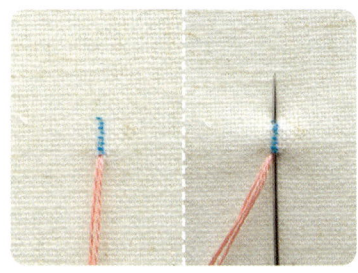

1 아래쪽 시작점에서 바늘을 뺍니다. 시작점에서 도안 길이만큼 천을 뜹니다.

2 실을 바늘에 걸어 줍니다. 이때 실이 뒤집히지 않도록 주의합니다.

Tip — 꽃으로 수놓을 경우 실을 느슨하게 해 둥근 느낌으로 만들면 더 예쁘게 만들 수 있습니다.

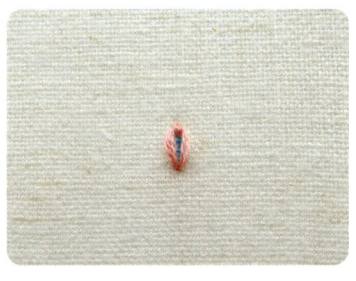

3 모양을 잡아 고리 위쪽으로 바늘을 넣고 마무리해 레이지 데이지 스티치를 완성합니다.

 레이지 데이지 스티치로 꽃 만들기

1 도안을 따라 레이지 데이지 스티치를 합니다.

2 옆으로 이동하며 선마다 레이지 데이시 스티치를 수놓습니다.

3 선을 전부 레이지 데이지 스티치로 채워 꽃을 완성합니다.

Tip
스티치의 개수를 늘리면 큰 꽃을 만들 수 있습니다.

레이지 데이지 + 스트레이트 스티치

레이지 데이지 스티치를 스트레이트 스티치로 덮는 형태의 스티치입니다.
수놓기 전에 실을 꼭 1올씩 정리하고 좁은 폭으로 놓아야
예쁘게 수놓을 수 있습니다. 입체감이 있는 잎을 수놓을 때 사용합니다.

1 아래쪽 시작점에서 바늘을 뺍니다.

2 시작점에서 도안 길이만큼 천을 뜹니다.

3 실을 바늘에 걸어 줍니다. 이때 실이 뒤집히지 않도록 주의합니다.

4 실을 당겨 뺀 후 고리 위쪽으로 바늘을 넣습니다. 이때 너비가 좁도록 실을 당겨줍니다.

5 아래쪽 중앙에서 다시 실을 빼서 위쪽 중앙으로 바늘을 넣습니다.

6 실을 당겨 정리해 레이지 데이지+스트레이트 스티치를 완성합니다.

프렌치 넛 스티치

천 위에 작게 매듭을 만드는 스티치입니다.
바늘에 감는 실의 느슨함에 따라 스티치의 크기가 달라집니다.
바늘을 빼기 힘들 정도로 빽빽할 때는 감긴 실을 느슨하게 조정합니다.

1 시작점에서 바늘을 뺍니다.

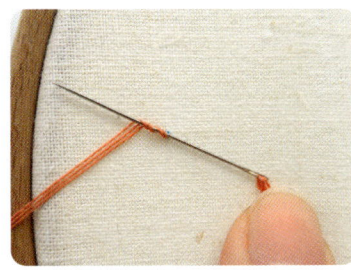

2 실을 바늘에 2번 감습니다.

Tip__ 실을 보통 1~2번 바늘에 감습니다. 책에 사용된 프렌치 넛 스티치는 바늘에 실을 2번 감아 수놓았습니다.

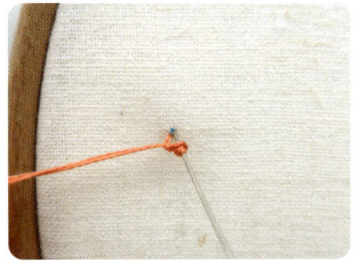

3 바늘을 천에 꽂습니다. 바늘에 감긴 실이 천에 닿도록 실을 당깁니다.

Tip__ 실을 당겨도 바늘에 감긴 실이 내려가지 않는다면 손으로 내려 정리합니다.

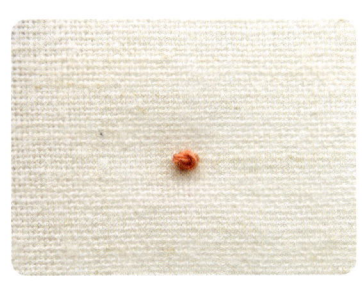

4 바늘을 그대로 넣고 마무리해 프렌치 넛 스티치를 완성합니다.

링 스티치

고리를 만들 수 있는 스티치입니다. 링 스티치를 한꺼번에
여러 개 수놓으면 포근한 털을 표현할 수 있습니다.

1 왼쪽 시작점에서 바늘을 뺍니다.

2 간격을 띄워 바늘을 넣습니다.

3 실을 전부 빼지 말고 어느 정도 남겨 둡니다.

4 중앙 위쪽에서 바늘을 뺍니다.

5 아래쪽으로 바늘을 넣어 한 땀 고정한 후 마무리해 링 스티치를 완성합니다.

Tip — 링 스티치를 여러 개 수놓은 다음 고리 중앙을 잘라 주면 털을 표현할 수 있습니다.

스플릿 스티치

실을 갈라가며 수놓는 스티치입니다. 완성된 모습은 아우트라인 스티치나 체인 스티치와 비슷하나 좀 더 차분한 느낌이 납니다. 반복해 수놓으면 면을 채울 수도 있습니다.

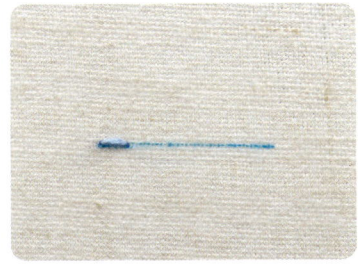

1 왼쪽 시작점에서 한 땀 스트레이트 스티치(34p)를 합니다.

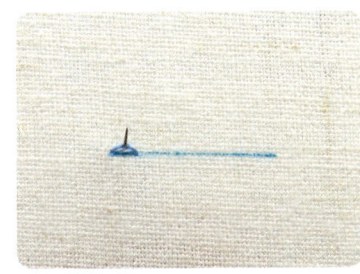

2 1의 땀 중앙에서 실을 갈라 바늘을 뺍니다.

3 한 땀 이동해 바늘을 넣습니다.

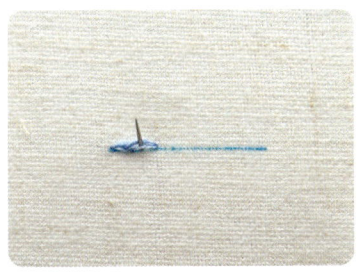

4 다시 3의 땀 중앙에서 실을 갈라 바늘을 뺍니다.

5 도안 길이만큼 반복합니다.

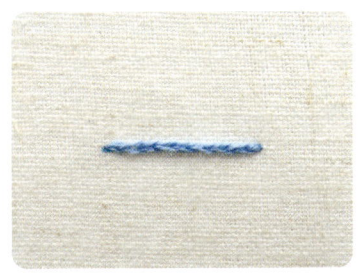

6 도안 끝부분으로 바늘을 넣고 마무리해 스플릿 스티치를 완성합니다.

새틴 스티치

작은 면을 채울 때 사용하는 스티치입니다. 방법은 간단하나
섬세한 손길이 필요합니다. 큰 면을 채울 때는
롱 앤 쇼트 스티치를 사용하는 것이 좋습니다.

1 왼쪽 시작점에서 바늘을 뺍니다.

2 도안 길이만큼 스트레이트 스티치 (34p)를 합니다.

3 다시 시작점 옆으로 바늘을 뺍니다.

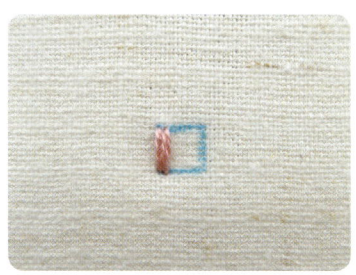

4 촘촘히 한 땀씩 채웁니다. 스티치 사이가 비어 보일 경우 다시 돌아와 한 땀 채웁니다.

5 도안 크기만큼 반복해 새틴 스티치를 완성합니다.

✏️ **도안이 대칭 모양일 때 새틴 스티치로 수놓기**

1 도안 중앙에서 새틴 스티치를 시작합니다.

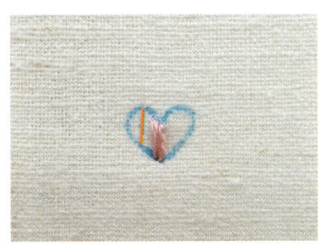

2 왼쪽으로 한 땀씩 수놓습니다. 중간에 보조선을 그어두면 편리합니다.

3 도안 모양에 주의하며 한쪽을 채웁니다.

4 다시 중앙으로 돌아와 반대쪽을 채워 완성합니다.

✏️ **매듭 없이 새틴 스티치 시작하기**

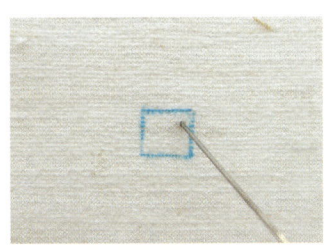

1 천 앞면에서 뒷면으로 바늘을 넣습니다.

2 도안 안에 러닝 스티치를 합니다.

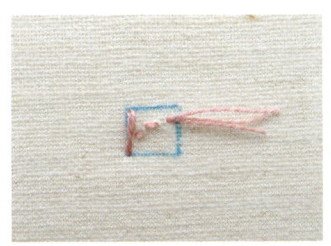

3 새틴 스티치를 시작합니다.

4 2의 실 시작 부분을 자릅니다.

5 새틴 스티치로 나머지를 채워 완성합니다.

✎ **매듭 없이 새틴 스티치 마무리하기**

※ **1~6**은 수놓은 천의 뒷면입니다.

1 수놓은 천을 뒤집습니다. 수놓은 부분을 2줄 정도 바늘로 뜹니다.

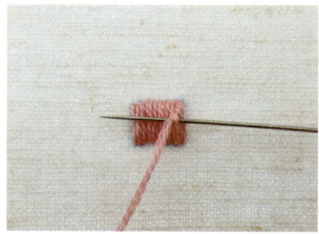

2 다시 돌아와 1줄 정도 바늘로 뜹니다.

3 실을 당기다가 고리가 만들어진 부분에 바늘을 넣습니다.

4 실을 끝까지 당깁니다.

5 수놓인 부분으로 바늘을 넣어 실을 끝까지 당깁니다.

6 실을 잘라 정리해 완성합니다.

카우칭 스티치

2개의 실과 바늘로 만들어 다양한 선 표현이 가능한 스티치입니다.
복잡한 형태의 선도 쉽게 수놓을 수 있습니다. 사용하는 실은 색이 같아도, 달라도 좋습니다.

1 카우칭 스티치는 2개의 실과 바늘이 필요합니다. 선으로 만들 A실(노란색)의 바늘을 먼저 왼쪽 시작점에서 뺍니다.

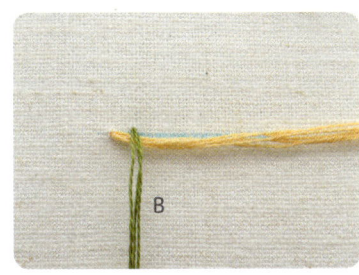

2 고정하는 역할의 B실(녹색)의 바늘을 A실의 위쪽으로 뺍니다.

3 아래쪽으로 짧게 한 땀 수놓아 A실을 고정합니다.

4 일정한 간격을 두고 도안을 따라 **2~3**을 반복합니다.

5 B실은 끝난 자리에서 매듭짓고 A실은 도안 끝부분으로 바늘을 넣고 마무리해 카우칭 스티치를 완성합니다.

피시본 스티치

X 자 모양을 반복해서 면을 채우는 스티치로 물고기의 뼈와 닮은 형태입니다.
스티치를 하면서 실의 각도가 달라지지 않도록 주의합니다.

1 사진과 같이 보조선을 그립니다.

2 A에서 바늘을 뺍니다. 중앙선을 따라 한 땀 스트레이트 스티치(34p)를 합니다.

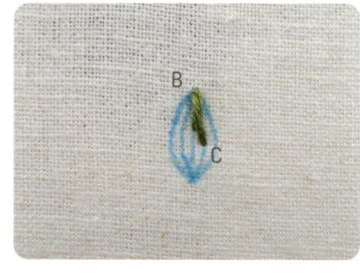

3 B로 바늘을 빼서 대각선으로 이동해 보조선 위 C로 바늘을 넣습니다.

4 천 뒷면에서 바늘을 수평으로 이동해 D로 빼고 E로 넣습니다.

5 실의 기울기가 일정하도록 바늘을 넣기 전, 수놓인 부분을 확인합니다.

6 3~5를 반복해 도안을 채웁니다.

7 끝나는 부분에 바늘을 넣고 마무리해 피시본 스티치를 완성합니다.

체인 스티치

선과 면 등 다양한 표현이 가능한 스티치입니다. 레이지 데이지 스티치가 연결된 형태로 다른 스티치에 비해 튼튼해 소품에 활용하기 좋습니다.

1 왼쪽 시작점에서 바늘을 뺍니다.

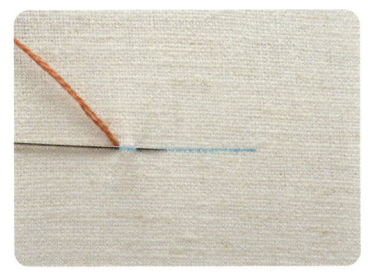

2 실을 뺀 자리나 바로 옆에 바늘을 넣어 천을 한 땀 뜹니다.

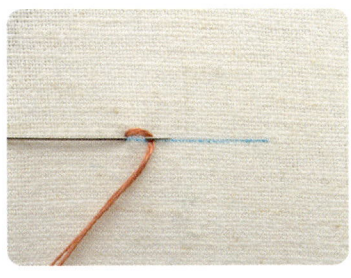

3 실을 바늘에 걸어 줍니다. 이때 실이 뒤집히지 않도록 주의합니다.

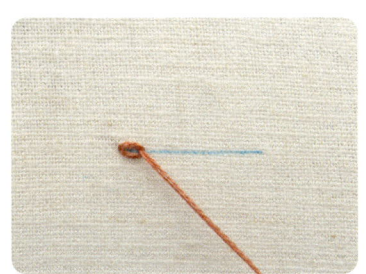

4 바늘을 당겨 실을 끝까지 뺍니다.

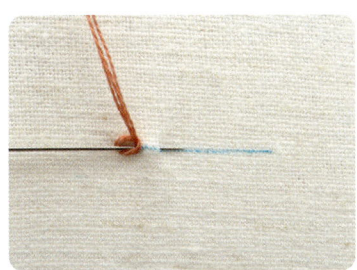

5 고리 안쪽에 바늘을 넣어 도안을 따라 천을 한 땀 뜹니다.

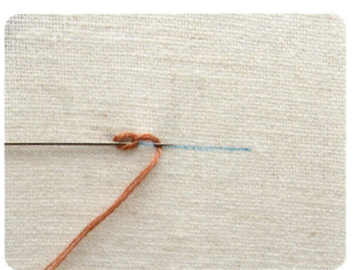

6 실을 바늘에 걸어 뺍니다.

7 도안을 따라 반복합니다.

8 고리 뒤쪽으로 바늘을 넣고 마무리해 체인 스티치를 완성합니다.

체인 스티치로 각진 곳 수놓기

1 각진 부분에서 체인 스티치를 마무리합니다.

2 다시 고리 안쪽으로 바늘을 뺍니다.

3 고리 안쪽으로 바늘을 넣어 도안을 따라 천을 한 땀 뜹니다. 실을 바늘에 걸어 줍니다.

4 바늘을 당겨 실을 끝까지 뺍니다.

5 도안 길이만큼 체인 스티치를 수놓아 완성합니다.

 체인 스티치로 동그라미 수놓기

1 마지막 한 땀이 남을 때까지 도안을 따라 체인 스티치를 반복합니다.

2 바늘을 첫 땀에 걸어 줍니다.

3 스티치의 형태를 살리며 실을 당깁니다.

4 실이 나온 고리 안으로 바늘을 넣습니다.

5 체인 스티치를 마무리해 동그라미를 완성합니다.

서클 버튼홀 스티치

버튼홀 스티치를 동그랗게 수놓은 스티치입니다. 한 땀의 간격이 비슷하게 만들어지도록 기화펜이나 수성펜으로 칸을 나누면 깔끔한 형태로 만들 수 있습니다.

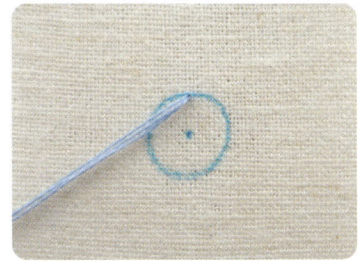

1 시작점에서 바늘을 뺍니다.

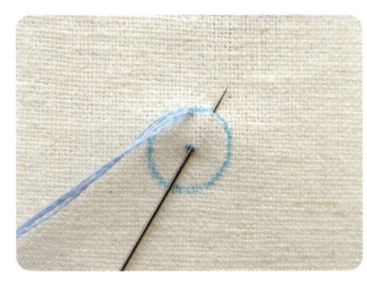

2 원을 중앙에서 바늘을 넣고 시작점에서 한 땀 떨어진 곳으로 천을 뜹니다.

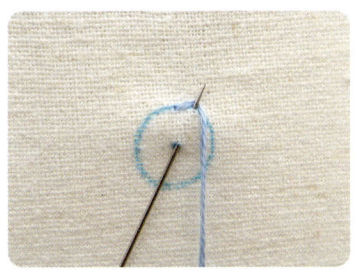

3 실을 바늘에 걸어 줍니다.

4 바늘을 당겨 실을 끝까지 뺍니다.

5 마지막 한 땀이 남을 때까지 반복합니다.

6 바늘을 첫 땀에 걸어 줍니다.

7 실을 끝까지 당깁니다. 이때 형태가 망가지지 않도록 주의합니다.

8 원의 중앙으로 바늘을 넣고 마무리해 서클 버튼홀 스티치를 완성합니다.

번들 스티치

간단하게 리본을 만들 수 있는 스티치입니다.
바늘에 실을 걸 때 천과 함께 뜨지 않도록 주의합니다.

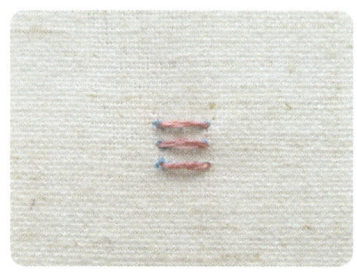

1 선을 따라 스트레이트 스티치(34p) 세 땀을 나란히 수놓습니다.

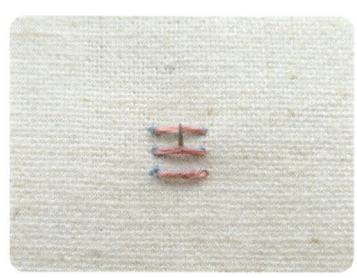

2 두 번째 실의 중앙 위쪽에서 바늘을 뺍니다.

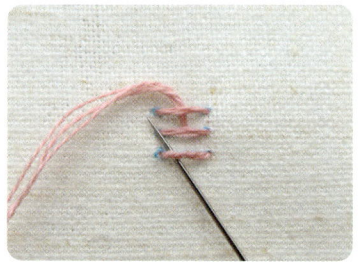

3 첫 번째와 세 번째 실을 사진처럼 바늘에 걸어 줍니다.

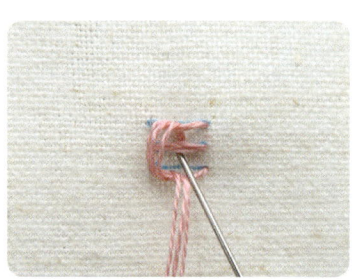

4 두 번째 실의 중앙 아래쪽으로 바늘을 넣습니다.

5 실을 당겨 첫 번째와 세 번째 실을 중앙으로 모아 번들 스티치를 완성합니다.

블리온 스티치

바늘에 실을 돌돌 말아 만드는 스티치입니다. 바늘에 감는 실의 느슨함에 따라 통통하거나 날씬한 스티치가 완성됩니다. 좀 더 통통한 느낌의 스티치를 원할 경우 두꺼운 바늘을 사용하기도 합니다.

1 시작점에서 바늘을 뺍니다.

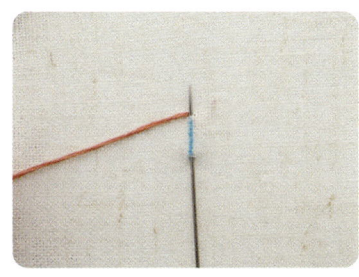

2 반대편 끝에서 다시 시작점으로 천을 뜹니다.

3 바늘귀 부분만 두고 바늘을 천에서 빼 세웁니다.

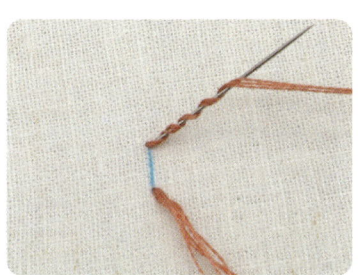

4 바늘 쪽 실을 바늘에 감습니다.

5 바늘을 눕혀 감긴 실의 길이와 도안의 길이를 비교하며 감는 수를 조절합니다.

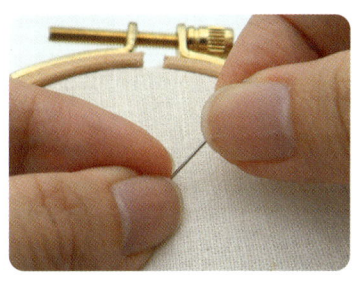

6 실을 정리한 후 왼손으로 실을 잡고 오른손으로 바늘을 뺍니다.

Tip__ 바늘이 잘 빠지지 않으면 감긴 실을 느슨하게 조정합니다.

7 실과 바늘을 끝까지 빼서 스티치를 정리합니다.

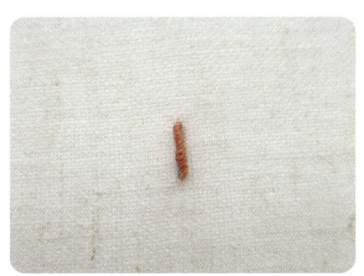

8 바늘을 도안의 끝으로 넣어 블리온 스티치를 완성합니다.

스파이더 웹 로즈 스티치

장미꽃을 만들 수 있는 스티치입니다. 기둥이 필요한 스티치로 기둥 개수는 홀수여야 하고
기둥의 길이는 같아야 합니다. 기둥 아래로 바늘을 통과할 때는
바늘귀의 뭉툭한 부분을 이용하면 편리합니다.

1 보조선으로 기둥 부분을 표시합니다.

Tip__ 기둥의 수는 도안의 크기에 따라 달라지며 5, 7, 9와 같이 홀수로 그려야 합니다.

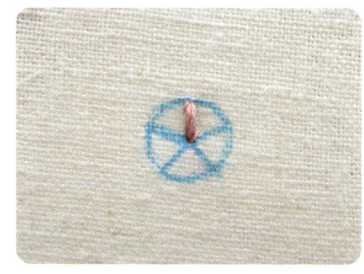

2 보조선을 따라 원 바깥쪽에서 중앙으로 스트레이트 스티치(34p)를 합니다.

3 순서대로 한 땀씩 기둥을 만듭니다.

4 기둥 사이로 바늘을 뺍니다. 이때 위치를 점으로 찍어 표시하면 나중에 마무리 자리를 찾기 쉽습니다.

5 기둥을 하나 건넌 후 다음 기둥 아래로 바늘을 통과시킵니다. 이때 바늘의 뭉툭한 부분을 이용하면 편리합니다.

6 실을 끝까지 뺍니다.

7 바늘로 기둥을 하나씩 건너며 반복합니다. 도안을 다 채울 때까지 수놓습니다.

8 미리 표시한 점 근처에서 바늘을 천 뒤로 넣고 마무리해 스파이더 웹 로즈 스티치를 완성합니다.

롱 앤 쇼트 스티치

큰 면을 채울 때 쓰는 스티치입니다. 보조선을 그리면 쉽게 수놓을 수 있습니다.
스티치 사이가 비어 보이는 곳은 형태를 해치지 않는 선에서 한 땀씩 채워도 좋습니다.

1 도안을 균일하게 나눠 보조선을 그립니다.

2 왼쪽 시작점에서 바늘을 뺍니다.

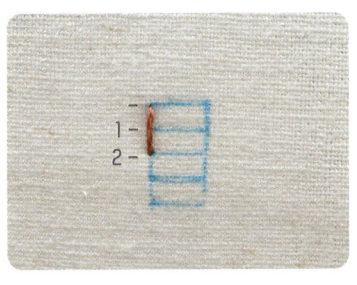

3 첫 땀은 2칸 길이(긴 땀)로 스트레이트 스티치(34p)를 합니다.

4 다시 시작점의 오른쪽에서 바늘을 뺍니다.

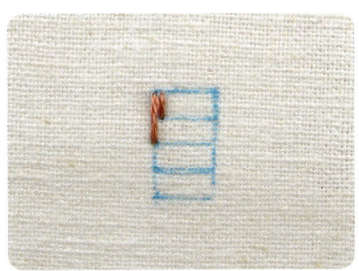

5 두 번째 땀은 1칸 길이(짧은 땀)로 스트레이트 스티치를 합니다.

6 첫 번째 줄은 긴 땀과 짧은 땀을 번갈아 가며 촘촘하게 수놓습니다.

7 짧은 땀 기준에서 2칸 내려와 바늘을 뺍니다.

8 긴 땀 길이로 짧은 땀 부분에 바늘을 넣습니다.

9 두 번째 줄부터는 7~8과 동일하게 수놓아 빈 곳을 채웁니다.

10 긴 땀이 도안 끝에 올 때까지 반복합니다.

11 나머지는 짧은 땀으로 채워 롱 앤 쇼트 스티치를 완성합니다.

위빙 스티치

바구니를 짜듯이 만드는 스티치입니다. 세로 기둥 개수는 면의 크기에 따라 달라집니다. 가로 실을 걸어 이동할 때 1줄씩 정리하며 수놓으면 깔끔하게 수놓을 수 있습니다.

1 도안을 균일하게 나눠 보조선을 그립니다.

2 스트레이트 스티치(34p)로 기둥을 만듭니다.

3 한쪽 끝에서 바늘을 빼서 실을 끝까지 당깁니다.

4 기둥을 하나씩 건너 뛰어 기둥 아래로 바늘을 통과시킵니다.

5 반대편 끝으로 바늘을 넣습니다.

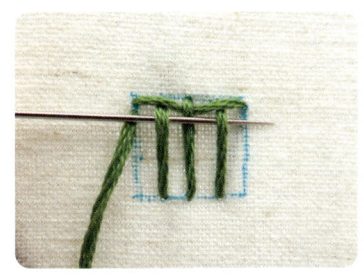

6 바로 아래에서 바늘을 빼 윗줄과 반대가 되도록 기둥 아래로 바늘을 통과시킵니다.

7 반대편 끝으로 바늘을 넣습니다.

8 도안 크기만큼 반복해 면을 채워 위빙 스티치를 완성합니다.

실론 스티치

뜨개질을 한 형태의 스티치로 수를 놓다 보면 끝부분이 말리는 것이 특징입니다.
말리는 것을 막기 위해 고정하기도 하고 그대로 두기도 합니다.

1 사진처럼 위쪽을 도안 길이만큼 백 스티치(36p)를 합니다. 도안에 균일하게 칸을 나눠 보조선을 그립니다.

2 보조선 첫 번째 줄의 왼쪽 시작점에서 바늘을 뺍니다.

3 백 스티치 첫 땀의 위에서 아래로 바늘을 통과시킵니다. 이때 실은 바늘 아래에 놓습니다.

4 실을 당깁니다.

5 3~4의 방법으로 백 스티치 땀의 수만큼 반복합니다.

6 오른쪽 끝으로 바늘을 넣어 첫 번째 줄을 완성합니다.

7 두 번째 줄 왼쪽 시작점에서 바늘을 뺀 후 첫 번째 줄의 실이 교차되는 부분(X 자)에 오른쪽에서 왼쪽으로 바늘을 걸어 줍니다.

8 실을 당깁니다.

9 옆의 X 자 부분에도 바늘을 걸어 통과시킵니다. 실을 당길 때 스티치의 길이가 일정하도록 조절합니다.

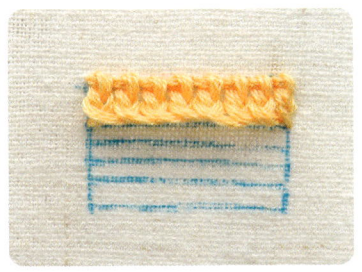

10 백 스티치 땀의 수만큼 반복한 후 오른쪽 끝으로 바늘을 넣어 줍니다.

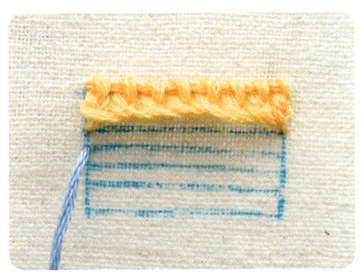

11 중간에 색을 바꾸고 싶은 경우, 새 줄을 시작할 때 실을 바꿔 줍니다.

12 새로운 색의 실로 1줄 완성합니다.

13 **7~10**을 도안의 길이만큼 반복해 실론 스티치를 완성합니다.

14 스티치를 고정하고 싶은 경우 사진처럼 한 땀씩 고정합니다.

15 스티치의 수만큼 반복해 완성합니다.

직접 만든 소품에는 정성과 마음이 듬뿍 담겨 있어요.
그래서 핸드메이드 선물에는 따스한 진심이 더 담겨 있지 않을까 생각합니다.
아이를 위해 준비한 용품에 자수를 더해 설레는 엄마의 마음을 전해 보아요.
배 속의 아이와 이야기하며 한 땀 한 땀 수놓아 보세요.

How to make

엄마의 마음을 담은 자수

곧 만날 우리 아이는 무슨 띠인가요?

아이가 태어난 해를 기념할 수 있도록 옷이나 소품에

아이의 띠를 수놓아 보세요.

아기자기한 크기라 더 귀여운 십이간지 동물 자수입니다.

풍요로운 미래의 쥐

쥐는 풍요와 희망을 의미한다고 해요. 아이가 풍요롭게 자라서
희망찬 미래로 걸어가길 바라는 마음을 담아 큰 귀가 매력적인 쥐를 수놓아 보세요.

3774 체인
310 스트레이트
2 체인
2 스플릿
535 새틴
310(1) 스트레이트
535(2) 백

[원단]
11수 워싱 리넨(백아이보리)

[실]
DMC 25번사 2, 310, 535, 3774

[스티치]
스트레이트 스티치, 백 스티치, 스플릿 스티치,
새틴 스티치, 체인 스티치

1 코는 도안보다 작게 가로 방향으로 두 땀을 수놓습니다.

2 1을 덮으며 세로 방향으로 새틴 스티치를 합니다.

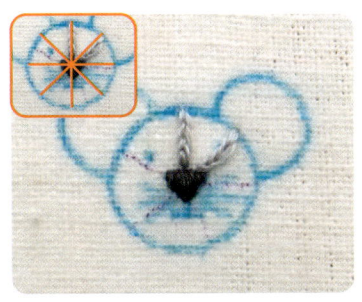

3 얼굴에 균일하게 칸을 나눈 후 스플릿 스티치로 보조선을 수놓습니다.

4 3에서 나눈 칸의 가운데에 스플릿 스티치를 1줄 수놓고(A) 양쪽 부분을 마저 채웁니다.

5 얼굴을 스플릿 스티치로 채워 줍니다.

6 귀의 테두리를 체인 스티치로 수놓습니다.

7 안쪽을 체인 스티치로 채웁니다. 반대편 귀도 동일한 방법으로 수놓습니다.

8 코 아래에 세로로 한 땀 수놓은 후 가로로 수놓아 입을 만들어 줍니다.

9 눈과 수염을 좌우대칭에 주의하며 스트레이트 스티치로 수놓아 쥐를 완성합니다.

의롭고 씩씩한 소

힘, 의로움, 자애를 의미하는 소입니다. 몸과 마음이 단단하고
의로운 아이가 되길 바라는 소망을 담아 소를 수놓아 주세요.

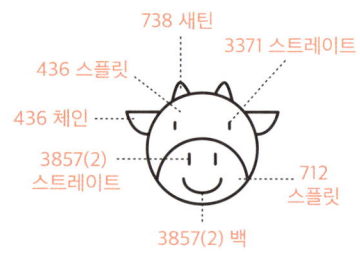

[원단]
11수 워싱 리넨(백아이보리)

[실]
DMC 25번사 436, 712, 738, 3371, 3857

[스티치]
스트레이트 스티치, 백 스티치, 스플릿 스티치,
새틴 스티치, 체인 스티치

1 얼굴 아랫부분의 테두리를 스플릿 스티치로 수놓습니다.

2 안쪽을 스플릿 스티치로 채웁니다.

3 얼굴 윗부분의 테두리를 스플릿 스티치로 수놓습니다.

4 안쪽을 스플릿 스티치로 채웁니다.

5 도안을 따라 귀를 체인 스티치로 수놓습니다. 뾰족하게 꺾이는 부분에 주의합니다.

6 뿔을 가로 방향 새틴 스티치로 수놓습니다.

7 코는 스트레이트 스티치, 입은 백 스티치로 수놓습니다. 입은 스티치 사이에 수놓으면 모양을 만들기가 수월합니다.

8 눈을 좌우대칭에 주의하며 스트레이트 스티치로 수놓아 소를 완성합니다.

용맹함의 대표 **호랑이**

호랑이는 용맹과 보은을 상징하는 동물이라고 해요.
호랑이처럼 용맹한 아이가 되길 기원하는 엄마의 마음을 듬뿍 담아 수를 놓아요.

[원단]
11수 워싱 리넨(백아이보리)

[실]
DMC 25번사 310, 434, 728, 938, 3371

[스티치]
스트레이트 스티치, 백 스티치, 스플릿 스티치,
새틴 스티치, 체인 스티치

1 코는 도안보다 작게 가로 방향으로 두 땀 혹은 세 땀을 수놓습니다.

2 1을 덮으며 세로 방향으로 새틴 스티치를 합니다.

3 무늬를 스플릿 스티치로 만듭니다.

4 무늬에 맞춰 임의로 칸을 나누고 기준선을 스플릿 스티치로 수놓습니다.

5 나머지 부분을 스플릿 스티치로 채워 줍니다.

6 귀 안쪽을 새틴 스티치로 채웁니다.

7 6을 감싸듯이 귀의 테두리를 체인 스티치로 수놓습니다.

8 반대편 귀도 동일한 방법으로 수놓습니다. 코 윗부분과 아랫부분을 수놓은 후, 입을 왼쪽부터 한 땀씩 수놓습니다.

9 눈을 스트레이트 스티치로 수놓아 호랑이를 완성합니다.

총명하고 영특한 토끼

지혜와 민첩함을 갖췄다는 토끼입니다. 토끼처럼 귀여운 아이에게
지혜로운 사람으로 자라길 바라는 염원을 수놓아 선물하세요.

819 체인
761 체인
3777 스트레이트
819 스플릿
838(2) 백
838 새틴

[원단]
11수 워싱 리넨(백아이보리)

[실]
DMC 25번사 761, 819, 838, 3777

[스티치]
스트레이트 스티치, 백 스티치, 스플릿 스티치,
새틴 스티치, 체인 스티치

1 코는 도안보다 작게 가로 방향으로 두 땀을 수놓습니다.

2 1을 덮으며 세로 방향으로 새틴 스티치를 합니다.

3 얼굴에 균일하게 칸을 나눈 후 스플릿 스티치로 보조선을 수놓습니다.

4 3에서 나눈 칸의 가운데에 스플릿 스티치를 1줄 수놓고(A) 양쪽 부분을 마저 채웁니다.

5 얼굴을 스플릿 스티치로 채워 줍니다.

6 귀 안쪽을 체인 스티치로 1줄 수놓습니다.

7 6을 감싸듯이 귀의 테두리를 체인 스티치로 수놓습니다.

8 반대편 귀도 동일한 방법으로 수놓습니다.

9 눈은 좌우대칭에 주의하며 스트레이트 스티치, 입은 백 스티치로 수놓아 토끼를 완성합니다.

전설의 리더 용

용은 왕을 의미하는 전설의 동물이라고 해요. 세상을 이끄는 리더가 되길 바라는 소망을 담아 수염이 귀여운 용을 수놓아 주세요.

[원단]
11수 워싱 리넨(백아이보리)

[실]
DMC 25번사 310, 500, 564, 3046, 3815

[스티치]
스트레이트 스티치, 백 스티치,
스플릿 스티치, 새틴 스티치

1 얼굴 아랫부분을 스플릿 스티치로 채웁니다.

2 얼굴 윗부분도 스플릿 스티치로 채웁니다.

3 뿔을 가로 방향 새틴 스티치로 수놓습니다.

4 작은 뿔을 세로 방향 새틴 스티치로 수놓습니다.

5 반대편 뿔도 동일한 방법으로 수놓습니다.

6 코는 스트레이트 스티치, 입은 백 스티치로 수놓습니다. 입은 스티치 사이에 수놓으면 모양을 만들기가 수월합니다.

7 눈을 스트레이트 스티치로 수놓습니다.

8 수염을 좌우대칭에 주의하며 백 스티치로 수놓아 용을 완성합니다.

재물이 풍족한 뱀

뱀은 재물운을 의미한다고 해요. 소중한 아이에게 풍요로운 재물이 따르길
바라는 마음을 더해 귀엽게 혀를 내민 뱀 자수를 선물하세요.

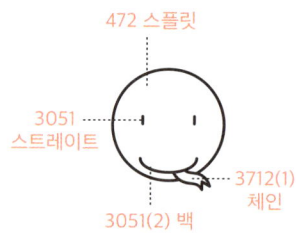

472 스플릿
3051 스트레이트
3712(1) 체인
3051(2) 백

[원단]
11수 워싱 리넨(백아이보리)

[실]
DMC 25번사 472, 3051, 3712

[스티치]
스트레이트 스티치, 백 스티치,
스플릿 스티치, 체인 스티치

1 혀를 체인 스티치로 채웁니다.

2 얼굴의 테두리를 스플릿 스티치로 수놓습니다.

3 안쪽을 스플릿 스티치로 채웁니다.

4 입을 백 스티치로 수놓습니다.

5 눈을 좌우대칭에 주의하며 스트레이트 스티치로 수놓아 뱀을 완성합니다.

건강하고 활기찬 말

말은 생동감과 순발력을 상징한다고 해요. 건강하고 튼튼한 말띠 아이를 위해
갈기가 매력적인 말 자수를 수놓아 보세요.

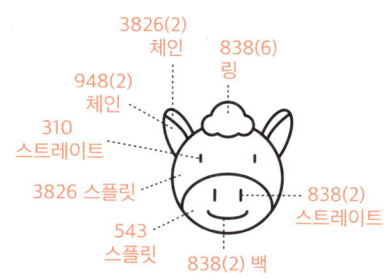

[원단]
11수 워싱 리넨(백아이보리)

[실]
DMC 25번사 310, 543, 838, 948, 3826

[스티치]
스트레이트 스티치, 백 스티치, 링 스티치,
스플릿 스티치, 체인 스티치

1 얼굴 아랫부분을 스플릿 스티치로 채웁니다.

2 얼굴 윗부분도 스플릿 스티치로 채웁니다.

3 귀 바깥쪽을 체인 스티치로 수놓습니다.

4 귀 안쪽을 체인 스티치로 수놓습니다. 테두리부터 수놓은 후 안쪽은 체인 스티치 한두 땀을 수놓아 채웁니다.

5 반대편 귀도 동일한 방법으로 수놓습니다.

6 말갈기를 링 스티치로 수놓습니다. 링 스티치의 고리를 잘라 정리합니다.

7 코는 스트레이트 스티치, 입은 백 스티치로 수놓습니다. 입은 스티치 사이에 수놓으면 모양을 만들기가 수월합니다.

8 눈을 스트레이트 스티치로 수놓아 말을 완성합니다.

온화하고 평화로운 양

정의와 여유, 평화를 상징하는 양입니다. 뽀글뽀글한 털이 매력적인 양을
수놓아 여유로운 사람이 되길 바라는 마음을 전해 주세요.

[원단]
11수 워싱 리넨(백아이보리)

[실]
DMC 25번사 ECRU, 437, 839

[스티치]
스트레이트 스티치, 백 스티치, 프렌치 넛 스티치,
스플릿 스티치, 새틴 스티치, 체인 스티치

1 코는 도안보다 작게 가로 방향으로 두 땀을 수놓습니다.

2 1을 덮으며 세로 방향으로 새틴 스티치를 합니다.

3 얼굴에 균일하게 칸을 나눈 후 스플릿 스티치로 보조선을 수놓습니다.

4 3에서 나눈 칸의 가운데에 스플릿 스티치를 1줄 수놓고(A) 양쪽 부분을 마저 채웁니다.

5 얼굴을 스플릿 스티치로 채워 줍니다.

6 귀를 체인 스티치로 수놓습니다.

7 털을 프렌치 넛 스티치로 수놓습니다.

8 코 아래에 세로로 한 땀 수놓은 후 입을 왼쪽부터 수놓습니다.

9 눈을 스트레이트 스티치로 수놓아 양을 완성합니다.

다재다능 원숭이

원숭이는 재주와 장수를 의미하는 동물이라고 해요. 다재다능한 아이로 자라길 바라는 소망을 담아 장난꾸러기 원숭이를 수놓아 주세요.

310 스트레이트
3772(2) 체인
838 새틴
948(2) 체인
3772 스플릿
948 스플릿
838(2) 백

[원단]
11수 워싱 리넨(백아이보리)

[실]
DMC 25번사 310, 838, 948, 3772

[스티치]
스트레이트 스티치, 백 스티치,
스플릿 스티치, 새틴 스티치, 체인 스티치

1 코는 도안보다 작게 가로 방향으로 두 땀을 수놓습니다.

2 1을 덮으며 세로 방향으로 새틴 스티치를 합니다.

3 얼굴 윗부분을 스플릿 스티치로 채웁니다. 테두리부터 수놓은 후 안쪽을 채웁니다.

4 얼굴에 균일하게 칸을 나눈 후 스플릿 스티치로 보조선을 수놓습니다.

5 4에서 나눈 칸의 가운데에 스플릿 스티치를 1줄 수놓고(A) 양쪽 부분을 마저 채웁니다.

6 얼굴을 스플릿 스티치로 채워 줍니다.

7 귀의 테두리를 체인 스티치로 수놓습니다.

8 안쪽을 체인 스티치로 채웁니다.

9 반대쪽 귀도 동일한 방법으로 수놓습니다. 눈은 스트레이트 스티치, 입은 백 스티치로 수놓아 원숭이를 완성합니다.

성실함의 상징 닭

악운을 막아 준다는 닭은 성실함을 대표하는 동물입니다. 성실하게 살아갈 우리 아이를 위해 새빨간 볏이 멋진 닭 자수를 수놓아 보세요.

3712 새틴
838 스트레이트
742 새틴
BLANC 스플릿
3712 스트레이트

[원단]
11수 워싱 리넨(백아이보리)

[실]
DMC 25번사 BLANC, 742, 838, 3712

[스티치]
스트레이트 스티치, 스플릿 스티치, 새틴 스티치

1 부리에 가로 방향으로 한 땀을 수놓습니다.

2 1을 덮으며 세로 방향으로 새틴 스티치를 합니다.

3 얼굴에 균일하게 칸을 나눈 후 스플릿 스티치로 보조선을 수놓습니다.

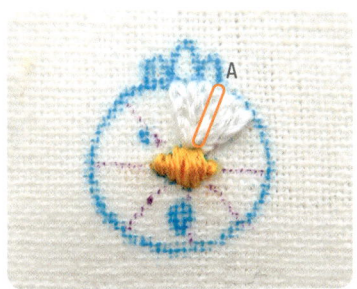

4 3에서 나눈 칸의 가운데에 스플릿 스티치를 1줄 수놓고(A) 양쪽 부분을 마저 채웁니다.

5 얼굴을 스플릿 스티치로 채워 줍니다.

6 볏을 가로 방향 새틴 스티치로 수놓습니다. 이때 중앙의 볏을 먼저 수놓습니다.

7 눈과 아래쪽 볏을 스트레이트 스티치로 수놓아 닭을 완성합니다.

신의를 지키는 개

개는 집안의 행복을 지키는 수호신으로 충성을 의미하는 동물이라고 해요.
아이가 신의를 지키는 사람으로 자라도록 기원하며 발랄한 개를 수놓아요.

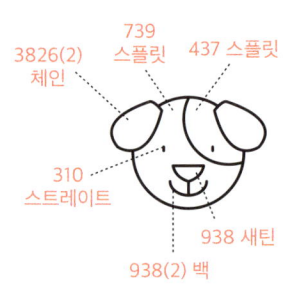

[원단]
11수 워싱 리넨(백아이보리)

[실]
DMC 25번사 310, 437, 739, 938, 3826

[스티치]
스트레이트 스티치, 백 스티치,
스플릿 스티치, 새틴 스티치, 체인 스티치

1 코는 도안보다 작게 가로 방향으로 두 땀을 수놓습니다.

2 1을 덮으며 세로 방향으로 새틴 스티치를 합니다.

3 얼굴의 얼룩을 스플릿 스티치로 채웁니다.

4 얼굴의 나머지 부분에 균일하게 칸을 나눈 후 스플릿 스티치로 보조선을 수놓습니다.

5 얼굴을 스플릿 스티치로 1칸씩 채워 줍니다.

6 귀의 테두리부터 체인 스티치로 둥글게 수놓은 후 안쪽을 채웁니다.

7 눈은 스트레이트 스티치, 입은 백 스티치로 수놓아 개를 완성합니다.

복을 부르는 돼지

부와 재산, 풍요와 행운을 의미하는 돼지입니다. 복스럽고 사랑스러운 아이에게
풍요와 행운이 깃들기를 바라며 돼지 자수를 선물하세요.

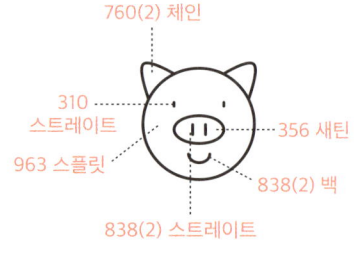

760(2) 체인
310 스트레이트
963 스플릿
356 새틴
838(2) 백
838(2) 스트레이트

[원단]
11수 워싱 리넨(백아이보리)

[실]
DMC 25번사 310, 356, 760, 838, 963

[스티치]
스트레이트 스티치, 백 스티치,
스플릿 스티치, 새틴 스티치, 체인 스티치

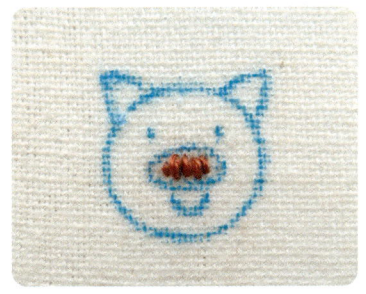

1 코는 도안보다 작게 세로 방향으로 여러 땀을 수놓습니다.

2 1을 덮으며 가로 방향으로 새틴 스티치를 합니다.

3 얼굴에 균일하게 칸을 나눈 후 스플릿 스티치로 보조선을 수놓습니다.

4 3에서 나눈 칸의 가운데에 스플릿 스티치를 1줄 수놓고(A) 양쪽 부분을 마저 채웁니다.

5 얼굴을 스플릿 스티치로 채워 줍니다.

6 귀를 체인 스티치로 수놓습니다.

7 눈과 코는 스트레이트 스티치, 입은 백 스티치로 수놓아 돼지를 완성합니다.

백 스티치로 수놓기

기본 스티치인 백 스티치를 주로 활용해서
더 쉽게 십이지 동물을 수놓는 방법입니다.
면을 채우는 것이 아니라 선을 수놓기 때문에 한결 편할 거예요.
예시로 쥐를 보여드릴게요.

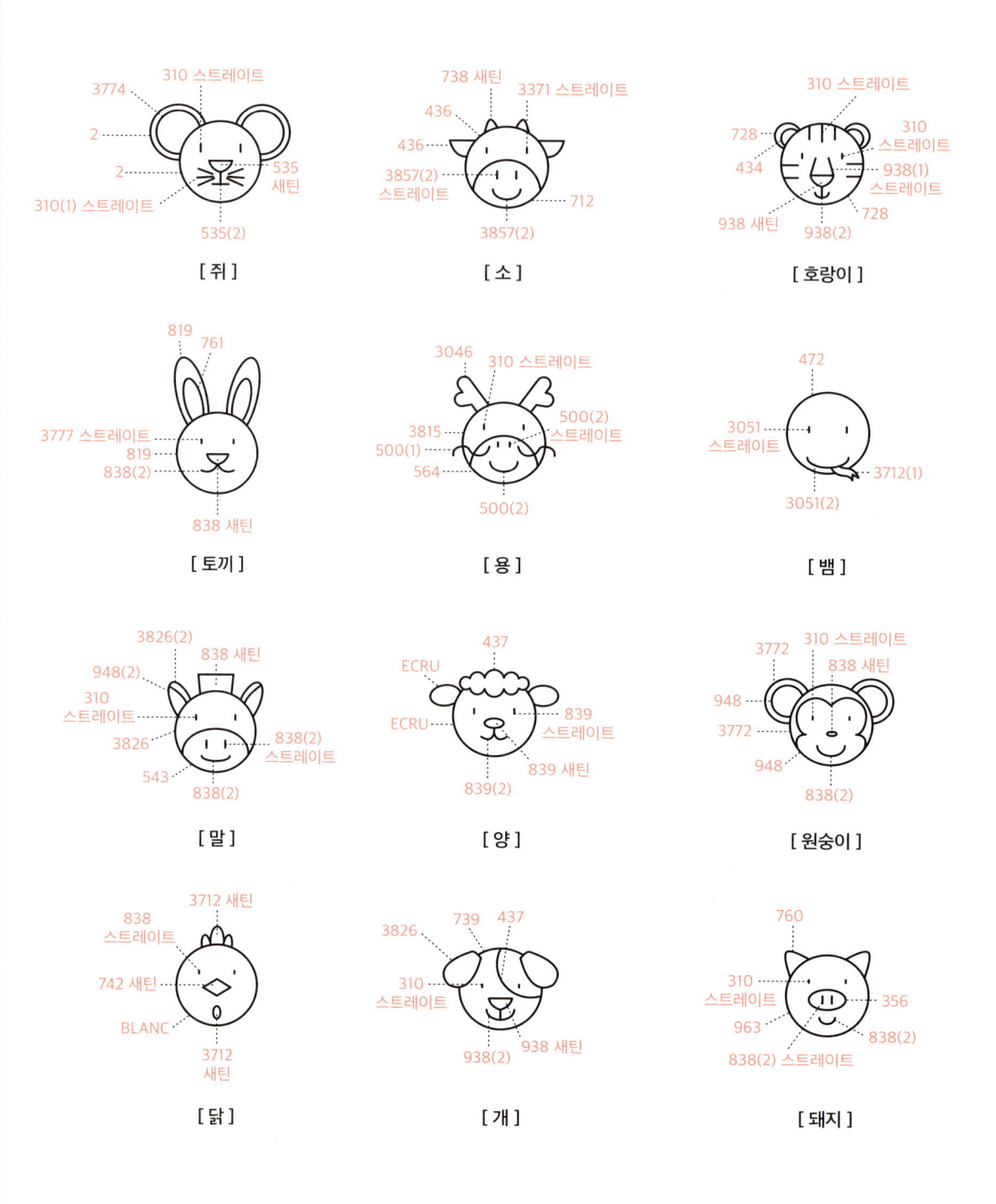

1 얼굴의 테두리를 백 스티치로 수놓습니다.

2 코를 세로 방향 새틴 스티치로 수놓습니다.

3 코 아래에 세로로 한 땀 수놓은 후 가로로 수놓아 입을 만들어 줍니다.

4 눈과 수염을 스트레이트 스티치로 수놓습니다.

5 귀를 백 스티치로 수놓아 쥐를 완성합니다.

Tip

예시인 쥐 수놓는 법을 참고해서 나머지 동물들을 수놓습니다.

움직임이 서툰 아기의 손과 발을 보호할 수 있는 손싸개와 발싸개입니다.
새하얀 손싸개와 발싸개를 직접 수놓은 작품으로 예쁘게 꾸며 주세요.
연약한 아기의 피부가 다치지 않는 방법으로 만들어서 엄마의 마음을 담기에도 좋아요.

젤리 가득 발바닥 손싸개

초콜릿색의 발바닥 젤리가 수놓인 손싸개로 조그마한 아이 손을
더욱 귀엽게 만들어요. 아이에게 사랑스러운 젤리를 선물해 주세요.

437 새틴

781(6)
롱 앤 쇼트

[실]
DMC 25번사 437, 781

[기타]
무지 손싸개, 수성 먹지

[스티치]
새틴 스티치, 롱 앤 쇼트 스티치

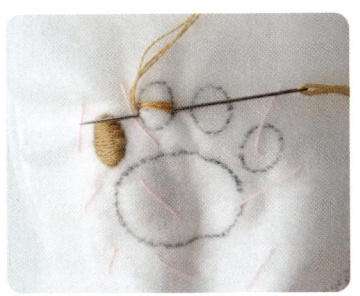

1 도안이 그려진 수성 먹지를 손싸개에 고정합니다.

2 작은 부분부터 새틴 스티치로 수놓습니다.

Tip — '매듭 없이 새틴 스티치 시작하기 (45p)'를 참고해서 수놓기 시작합니다.

3 새틴 스티치를 할 때는 사진처럼 도안의 끝에서 반대편 끝으로 천을 떠서 수놓습니다.

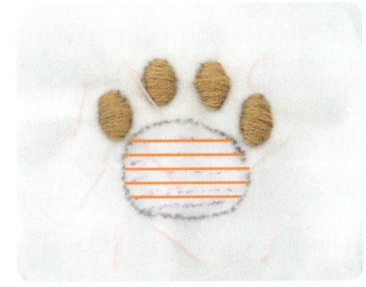

4 나머지 작은 부분도 새틴 스티치로 채웁니다.

5 큰 부분에 균일하게 칸을 나눠 보조선을 그립니다.

6 사진처럼 큰 부분에 러닝 스티치 두세 땀을 수놓아 매듭을 대신해 줍니다.

7 보조선을 따라 롱 앤 쇼트 스티치를 수놓아 발바닥을 완성합니다.

Tip — '매듭 없이 새틴 스티치 마무리하기 (46p)'를 참고해서 수놓기를 마무리합니다.

토끼 어린이 손싸개

토끼 모자를 쓰고 토끼인 척하는 아이를 수놓은 손싸개입니다.
토끼처럼 귀여운 우리 아이에게 깜찍한 손싸개를 씌워 주세요.

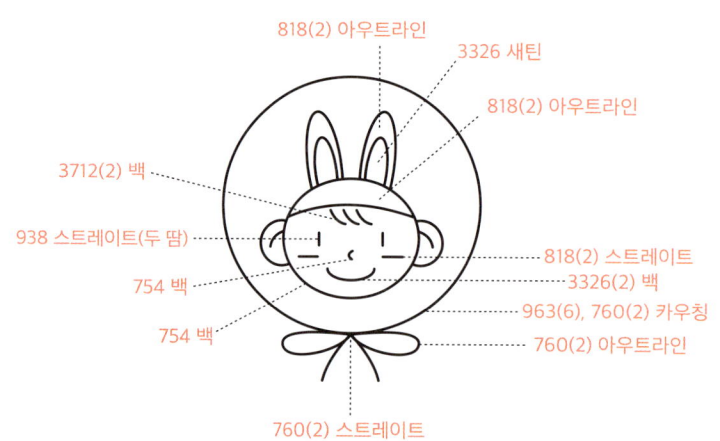

[원단]
오가닉 코튼(화이트)

[실]
DMC 25번사 754, 760, 818, 938,
963, 3326, 3712

[기타]
무지 손싸개, 솜

[스티치]
스트레이트 스티치, 백 스티치,
아웃라인 스티치, 새틴 스티치, 카우칭 스티치

1 얼굴과 귀를 백 스티치로 수놓습니다.

2 모자를 아웃라인 스티치로 채웁니다.

3 모자의 귀 안쪽을 새틴 스티치로 수놓습니다.

4 3을 감싸듯이 귀의 테두리를 아웃라인 스티치로 수놓습니다.

5 눈은 스트레이트 스티치 두 땀, 코와 입은 백 스티치로 수놓습니다.

6 볼은 스트레이트 스티치, 머리카락은 백 스티치로 수놓습니다.

7 원의 테두리는 카우칭 스티치, 리본은 아웃라인 스티치로 한쪽씩 수놓습니다.

8 반대편 리본을 수놓은 후 리본 중앙에 스트레이트 스티치를 수놓아 토끼 어린이를 완성합니다.

Tip

'원형 오브제 만들기(25p)', '반제품에 작품 달기(28p)'를 참고해서 손싸개를 완성합니다.

호랑이 어린이 **손싸개**

어흥~ 호랑이 모자를 쓴 아이를 수놓은 손싸개입니다. 호랑이처럼 튼튼하고
용감한 아이가 되길 바라는 마음으로 수놓았어요.

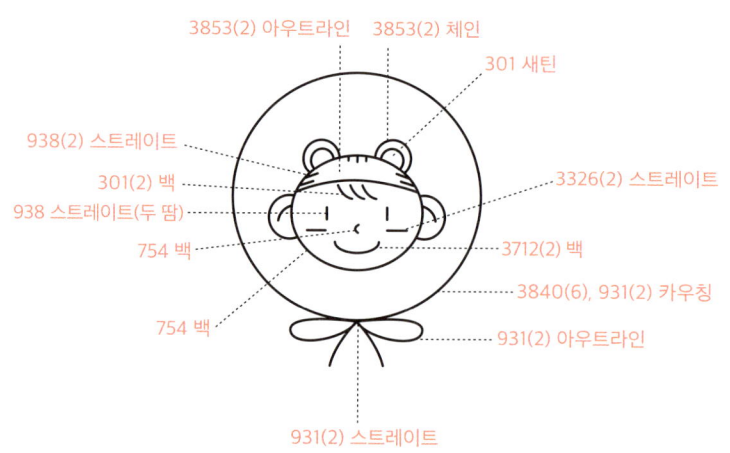

[원단]
오가닉 코튼(화이트)

[실]
DMC 25번사 301, 754, 931,
938, 3326, 3712, 3840, 3853

[기타]
무지 손싸개, 솜

[스티치]
스트레이트 스티치, 백 스티치,
아웃라인 스티치, 새틴 스티치,
카우칭 스티치, 체인 스티치

1 얼굴과 귀를 백 스티치로 수놓습니다.

2 모자는 아웃라인 스티치, 모자의 귀 안쪽은 새틴 스티치로 수놓습니다.

3 **2**의 새틴 스티치를 감싸듯이 귀의 테두리를 체인 스티치로 수놓습니다.

4 호랑이 무늬를 스트레이트 스티치로 만듭니다.

5 눈은 스트레이트 스티치 두 땀, 코와 입은 백 스티치로 수놓습니다.

6 볼은 스트레이트, 머리카락은 백 스티치로 수놓습니다.

7 원의 테두리는 카우칭 스티치, 리본은 아웃라인 스티치로 한쪽씩 수놓습니다.

8 반대편 리본을 수놓은 후 리본 중앙에 스트레이트 스티치를 수놓아 호랑이 어린이를 완성합니다.

> **Tip**
> '원형 오브제 만들기(25p)', '반제품에 작품 달기(28p)'를 참고해서 손싸개를 완성합니다.

콩콩 병아리 발싸개

콩콩 병아리 걸음으로 혼자 걸을 아이를 생각하며 발싸개에 병아리를 수놓았어요.
아기가 아장아장 예쁘게 걸을 날을 기대하며 사랑을 담아 보세요.

※ 왼쪽 발싸개 도안입니다. 오른쪽 발싸개는 실물 도안집을 참고해서 도안을 뒤집어 주세요.

[원단]
11수 워싱 리넨(백아이보리)

[실]
DMC 25번사 19, 434, 745, 3776

[기타]
무지 발싸개, 펠트지(아이보리)

[스티치]
스트레이트 스티치, 백 스티치,
스플릿 스티치, 새틴 스티치, 체인 스티치

1 병아리 날개의 테두리를 체인 스티치로 수놓습니다.

2 날개의 중앙에 체인 스티치를 1줄 수놓습니다.

3 날개의 나머지 부분을 체인 스티치로 채웁니다.

4 병아리 몸통의 테두리를 스플릿 스티치로 수놓습니다.

5 병아리 몸통을 테두리 부분부터 스플릿 스티치로 1줄씩 채웁니다.

6 부리를 새틴 스티치로 수놓습니다.

7 눈은 스트레이트 스티치, 발은 백 스티치로 수놓아 병아리를 완성합니다.

Tip

- '와펜 만들기(24p)', '반제품에 작품 달기(28p)'를 참고해서 발싸개를 완성합니다.
- 와펜의 테두리는 745(3)으로 감침질합니다.

꽃길만 걸어요 발싸개

소중한 우리 아이가 좋은 곳만 갈 수 있도록 발싸개에 꽃을 그렸어요.
걷는 길마다 꽃길이길 바라는 소망으로 예쁜 꽃을 수놓아 주세요.

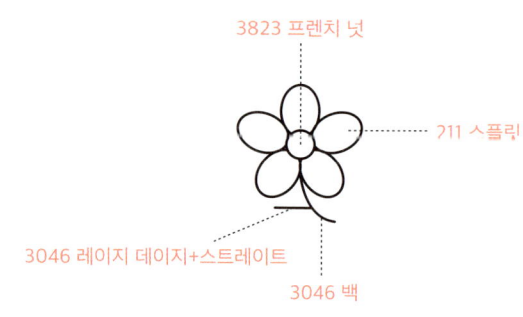

3823 프렌치 넛
211 스플릿
3046 레이지 데이지+스트레이트
3046 백

※ 오른쪽 발싸개 도안입니다. 왼쪽 발싸개는 실물 도안집을 참고해서 도안을 뒤집어 주세요.

[원단]
오가닉 코튼(화이트)

[실]
DMC 25번사 211, 3046, 3823

[기타]
무지 발싸개, 솜

[스티치]
백 스티치, 레이지 데이지+스트레이트 스티치,
프렌치 넛 스티치, 스플릿 스티치

1 꽃잎의 테두리를 스플릿 스티치로 수놓습니다.

2 안쪽을 스플릿 스티치로 채웁니다.

3 나머지 꽃잎도 동일한 방법으로 채웁니다.

4 중앙의 꽃술은 프렌치 넛 스티치로 수놓습니다.

5 줄기는 백 스티치, 잎은 레이지 데이지+스트레이트 스티치로 수놓아 꽃을 완성합니다.

Tip

'원형 오브제 만들기(25p)', '반제품에 작품 달기(28p)'를 참고해서 발싸개를 완성합니다.

턱받이
&
옷

아이가 입을 첫 번째 옷인 배냇저고리와 턱받이를 자수로 꾸며 주세요.
앞으로 펼쳐질 아이와의 일상을 상상하며 수를 놓으면
엄마의 따스한 손길을 전할 수 있을 거예요.

꼬마 요리사 턱받이

다양한 음식을 자수로 먼저 만날 수 있는 턱받이입니다.
밥투정 없이 무엇이든 척척 잘 먹길 바라며 여러 가지 식재료와 요리사를 수놓았어요.

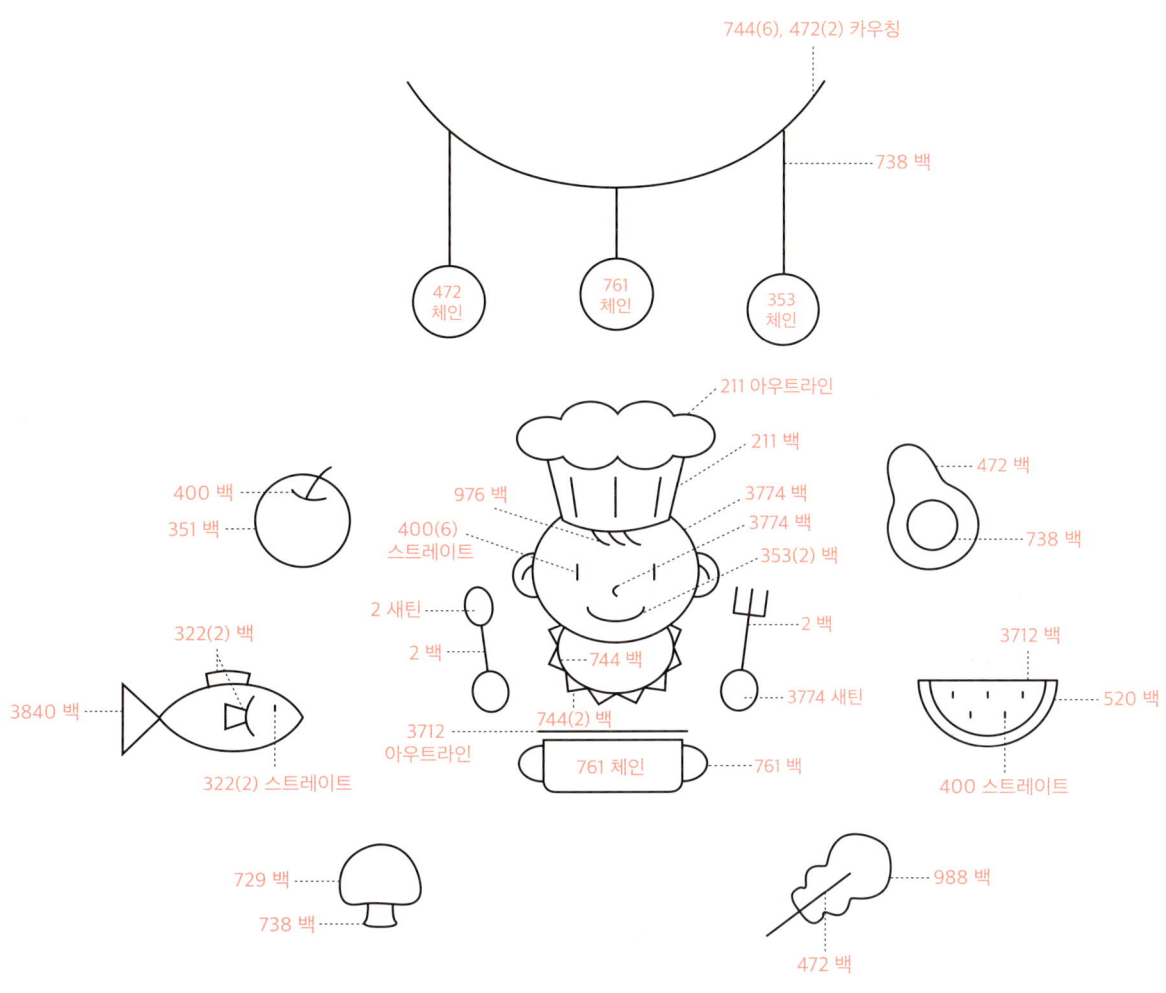

[실]
DMC 25번사 2, 211, 322, 351, 353, 400, 472, 520, 729, 738, 744, 761, 976, 988, 3712, 3774, 3840

[기타]
무지 턱받이, 수성 심지, 실크 접착 심지

[스티치]
스트레이트 스티치, 백 스티치, 아우트라인 스티치, 새틴 스티치, 카우칭 스티치, 체인 스티치

※ 턱받이에 도안을 옮길 때는 수성 심지를 사용하는 것이 좋습니다.

1 얼굴과 귀를 백 스티치로 수놓습니다.

2 요리사 모자를 백 스티치와 아웃라인 스티치로 수놓습니다.

3 눈은 스트레이트 스티치, 머리카락과 코와 입은 백 스티치로 수놓습니다.

4 턱받이를 백 스티치로 수놓습니다.

5 손은 새틴 스티치, 숟가락은 새틴 스티치와 백 스티치, 포크는 백 스티치로 수놓습니다.

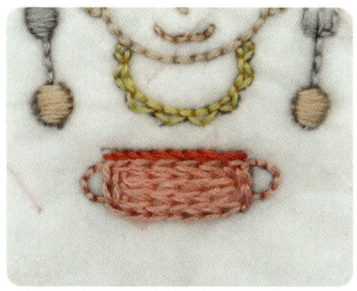

6 냄비를 체인 스티치로 채운 후 손잡이는 백 스티치, 냄비 위쪽은 아웃라인 스티치로 수놓습니다.

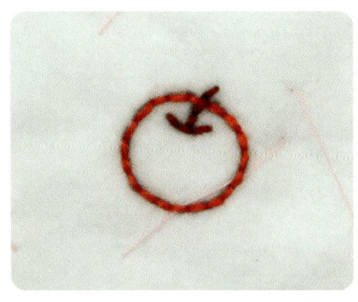

7 사과를 백 스티치로 수놓습니다. 열매를 먼저 수놓은 후 꼭지를 수놓습니다.

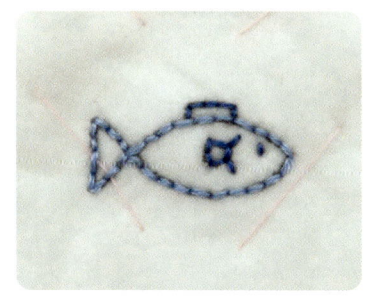

8 생선을 백 스티치로 수놓습니다.

9 버섯을 백 스티치로 수놓습니다.

10 아보카도를 백 스티치로 수놓습니다.

11 수박을 백 스티치로 수놓습니다.

12 수박씨를 스트레이트 스티치로 수놓습니다.

13 시금치는 잎을 먼저 백 스티치로 수놓은 후 줄기를 수놓습니다.

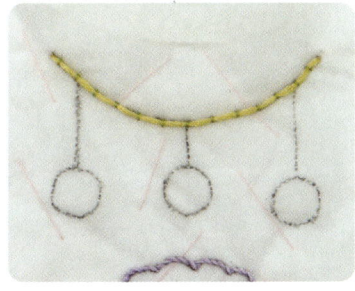

14 장식의 줄을 카우칭 스티치로 수놓습니다.

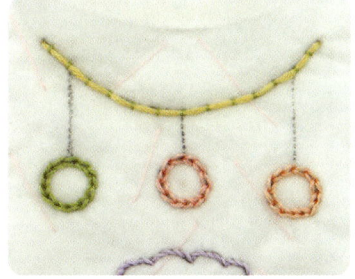

15 동그란 장식을 체인 스티치로 수놓습니다.

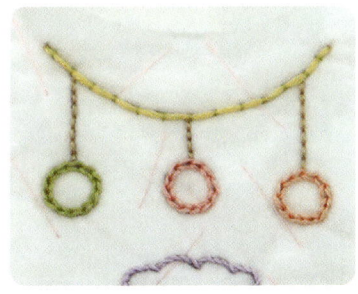

16 줄과 장식을 백 스티치로 연결해 요리사 턱받이를 완성합니다. 자수 뒷면에 실크 접착 심지를 붙여 깔끔하게 마무리합니다.

엄마 곰과 아기 곰 **턱받이**

따스한 봄날의 꽃밭으로 엄마 곰과 아기 곰이 소풍을 갔어요.
아기 곰에게 코를 부비며 사랑을 표현하는 엄마 곰을 보세요.
아이와 함께 소풍 가는 모습을 상상하며 수놓아 주세요.

[실]
DMC 25번사 19, 352, 472, 793, 819, 930, 963, 988, 3712, 3779, 3830, 3840, 3857

[기타]
무지 턱받이, 수성 심지, 실크 접착 심지

[스티치]
백 스티치, 레이지 데이지 스티치, 프렌치 넛 스티치, 새틴 스티치, 서클 버튼홀 스티치

※ 턱받이에 도안을 옮길 때는 수성 심지를 사용하는 것이 좋습니다.
※ 양쪽의 꽃들 중 동일한 모양끼리는 동일한 컬러와 스티치로 수놓습니다.

1. 하트를 세로 방향 새틴 스티치로 수놓습니다.

2. 아기 곰의 테두리를 백 스티치로 수놓습니다. 귀 안쪽도 백 스티치로 수놓습니다.

3. 눈과 입을 백 스티치로 수놓습니다.

4 꼬리는 새틴 스티치, 코는 프렌치 넛 스티치로 수놓습니다.

5 엄마 곰의 테두리를 백 스티치로 수놓습니다. 귀 안쪽도 백 스티치로 수놓습니다.

6 눈과 입을 백 스티치로 수놓습니다.

7 꼬리는 새틴 스티치, 코는 프렌치 넛 스티치로 수놓습니다.

8 왼쪽 중앙의 꽃을 레이지 데이지 스티치로 수놓습니다.

9 왼쪽 상단의 꽃을 세로 방향 새틴 스티치로 수놓습니다.

10 줄기는 백 스티치, 잎은 레이지 데이지 스티치로 수놓습니다.

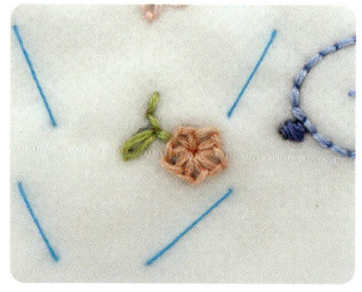

11 왼쪽 하단의 꽃을 서클 버튼홀 스티치로 수놓습니다. 줄기는 백 스티치, 잎은 레이지 데이지 스티치로 수놓습니다.

12 반대편 꽃도 동일한 방법으로 수놓아 엄마 곰과 아기 곰 턱받이를 완성합니다. 자수 뒷면에 실크 접착 심지를 붙여 깔끔하게 마무리합니다.

허그 토끼 배냇저고리

아이에게 처음 입힐 배냇저고리에 엄마의 손길을 더해 주세요.
아기 토끼를 꼭 안아 주는 엄마 토끼처럼 엄마의 정성이 듬뿍 들어간 배냇저고리가 아이를 쏙 감쌀 거예요.

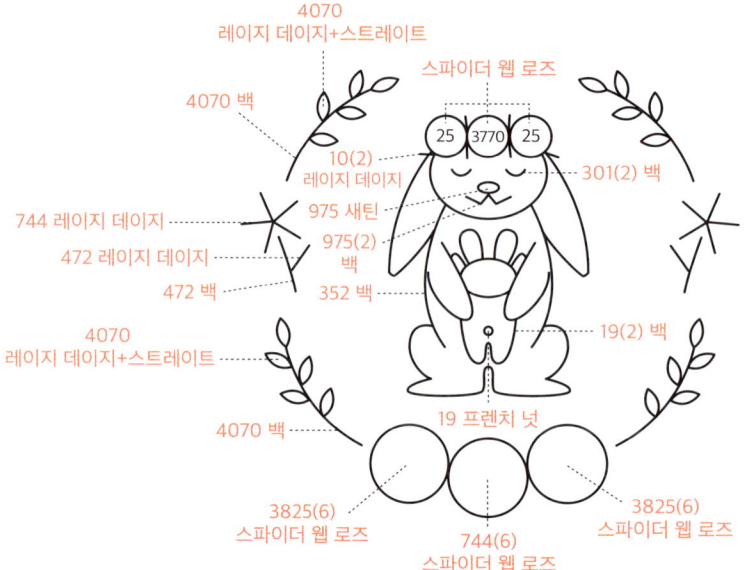

[실]
DMC 25번사 10, 19, 25, 301, 352, 472, 744, 975, 3770, 3825, 4070

[기타]
무지 배냇저고리, 수성 심지, 실크 접착 심지

[스티치]
백 스티치, 레이지 데이지 스티치, 레이지 데이지+스트레이트 스티치, 프렌치 넛 스티치, 새틴 스티치, 스파이더 웹 로즈 스티치

※ 턱받이에 도안을 옮길 때는 수성 심지를 사용하는 것이 좋습니다.
※ 양쪽의 식물은 좌우 동일한 컬러와 스티치로 수놓습니다.

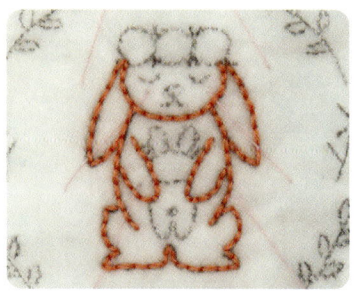

1 엄마 토끼의 얼굴과 귀와 몸통을 백 스티치로 수놓습니다.

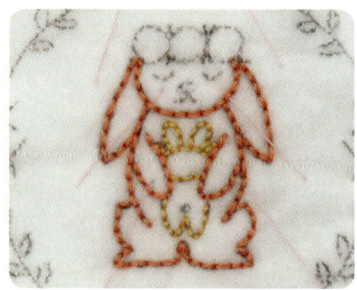

2 아기 토끼를 백 스티치로 수놓습니다.

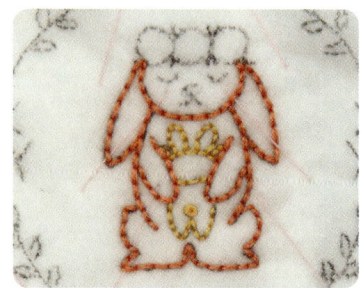

3 아기 토끼의 꼬리를 프렌치 넛 스티치로 수놓습니다.

4 엄마 토끼의 코는 새틴 스티치, 입은 백 스티치로 수놓습니다.

5 눈은 좌우대칭에 주의하며 백 스티치로 수놓습니다.

6 엄마 토끼의 화관은 중앙의 꽃부터 스파이더 웹 로즈 스티치로 수놓습니다.

7 화관의 잎을 레이지 데이지 스티치로 수놓습니다.

8 아래쪽 꽃을 스파이더 웹 로즈 스티치로 수놓습니다.

9 왼쪽 식물의 줄기는 백 스티치, 잎은 레이지 데이지+스트레이트 스티치로 수놓습니다.

10 왼쪽 중앙의 꽃은 레이지 데이지 스티치, 줄기는 백 스티치, 잎은 레이지 데이지 스티치로 수놓습니다.

11 반대편 꽃과 식물도 동일한 방법으로 수놓아 허그 토끼 배냇저고리를 완성합니다. 자수 뒷면에 실크 접착 심지를 붙여 깔끔하게 마무리합니다.

돌잡이

아이의 미래를 점칠 수 있는 폭신폭신한 돌잡이 인형입니다.
1년 동안 잘 자라준 것을 축하하는 돌에 엄마가 직접 만든 돌잡이 인형은 어떨까요?
이후에 장난감으로 사용할 수도 있어서 더욱 좋아요.

국가 대표 선수의 **축구공**

축구공을 잡은 아이는 건강하고 튼튼하게 자라서 운동 선수가 된다고 해요.
세계적으로 유명해져 우리나라를 빛내는 멋진 국가 대표 선수가 될 거예요.

2310 체인
BLANC 체인
2310 스트레이트

※ 전부 DMC 4번사 1올로 수놓습니다.

[원단]
오가닉 코튼(화이트)

[실]
DMC 4번사 BLANC, 2310

[기타]
솜

[스티치]
스트레이트 스티치, 체인 스티치

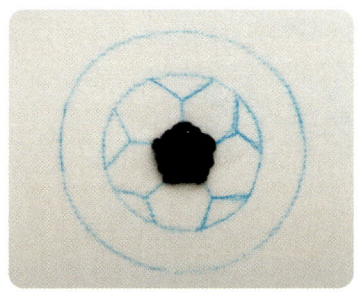

1 중앙의 오각형 테두리를 체인 스티치로 수놓습니다. 안쪽을 가로 방향 체인 스티치로 1줄씩 채웁니다.

2 왼쪽 검은색 부분의 테두리를 체인 스티치로 수놓습니다.

3 안쪽을 체인 스티치 1줄로 채웁니다.

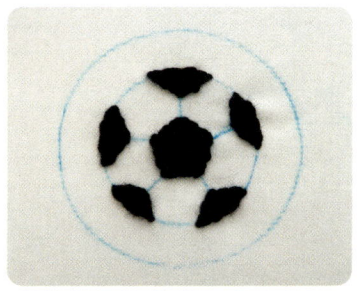

4 나머지 검은색 부분도 동일한 방법으로 수놓습니다.

5 흰색 부분의 테두리를 체인 스티치로 수놓습니다.

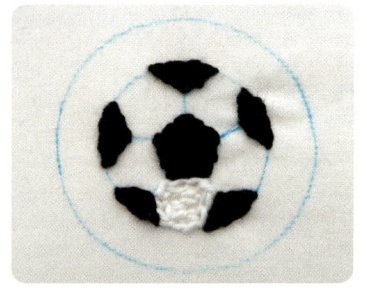

6 안쪽을 가로 방향 체인 스티치로 1줄씩 채웁니다.

7 나머지 흰색 부분도 동일한 방법으로 수놓습니다.

8 검은색 선을 스트레이트 스티치로 수놓아 축구공을 완성합니다.

Tip

'원형 오브제 만들기(25p)'를 참고해서 돌잡이 인형을 완성합니다.

세상을 발전시키는 **연필**

돌잡이에서 연필은 학문을 연구하는 학자가 되는 것을 의미한다고 해요.
세상을 깜짝 놀라게 만드는 획기적인 업적으로 이름을 떨치는 학자가 될 거예요.

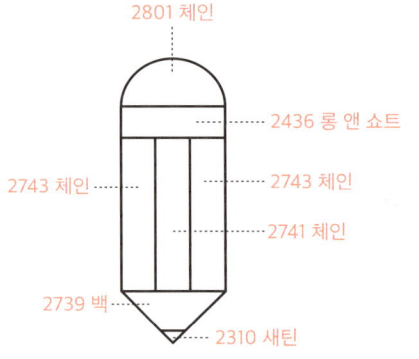

※ 전부 DMC 4번사 1올로 수놓습니다.

[원단]
오가닉 코튼(화이트)

[실]
DMC 4번사 2310, 2436, 2739, 2741, 2743, 2801

[기타]
솜

[스티치]
백 스티치, 새틴 스티치, 체인 스티치,
롱 앤 쇼트 스티치

1 연필 몸통을 체인 스티치로 채웁니다. 이때 중앙 부분을 먼저 수놓습니다.

2 연필의 윗부분을 롱 앤 쇼트 스티치로 채웁니다.

3 지우개를 체인 스티치로 수놓습니다.

4 연필의 나무를 백 스티치로 촘촘하게 채웁니다.

5 연필심을 새틴 스티치로 수놓아 연필을 완성합니다.

> **Tip**
> '원형 오브제 만들기(25p)'를 참고해서 돌잡이 인형을 완성합니다.

정의를 실현하는 **판사봉**

판사봉을 잡은 아이는 법조인이 된다고 해요. 다양한 갈등을 공정하고 정의롭게 풀 수 있는 멋진 법조인이 되어 억울함 없는 세상을 만들 거예요.

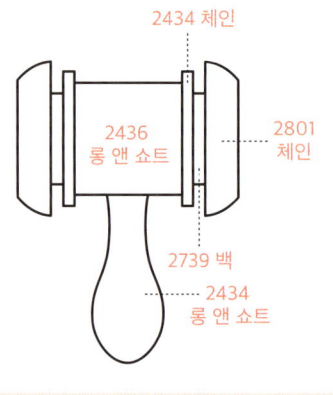

2434 체인
2436 롱 앤 쇼트
2801 체인
2739 백
2434 롱 앤 쇼트

※ 전부 DMC 4번사 1올로 수놓습니다.

[원단]
오가닉 코튼(화이트)

[실]
DMC 4번사 2434, 2436, 2739, 2801

[기타]
솜

[스티치]
백 스티치, 체인 스티치, 롱 앤 쇼트 스티치

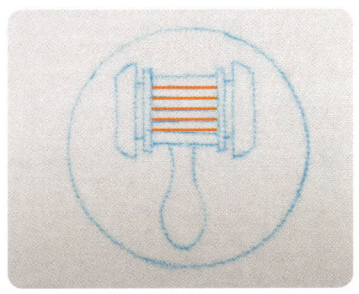

1 판사봉의 머리에 균일하게 칸을 나눠 보조선을 그립니다.

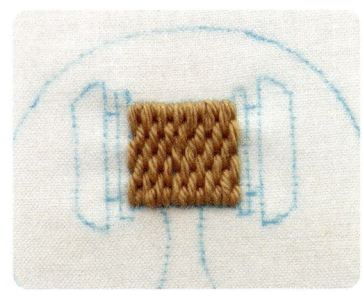

2 보조선을 따라 롱 앤 쇼트 스티치를 수놓습니다.

3 체인 스티치, 백 스티치, 체인 스티치 순으로 한쪽을 수놓습니다.

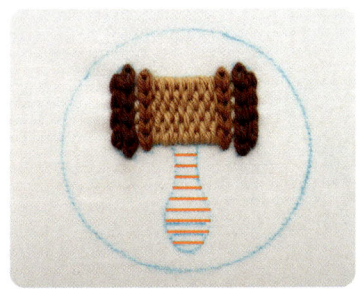

4 반대편도 동일한 방법으로 수놓습니다. 손잡이에 균일하게 칸을 나눠 보조선을 그립니다.

5 보조선을 따라 롱 앤 쇼트 스티치를 수놓습니다. 폭이 넓어지는 부분에서는 양쪽 끝에 한 땀씩 더 추가해서 넓혀 줍니다.

6 손잡이를 롱 앤 쇼트 스티치로 채워 판사봉을 완성합니다.

Tip

'원형 오브제 만들기(25p)'를 참고해서 돌잡이 인형을 완성합니다.

시대를 이끄는 마우스

마우스를 잡으면 IT 업계의 종사자로 자란다고 해요.
4차 산업혁명 시대를 이끌어 나가며 사람들에게 즐거움과 편리함을 선물할 거예요.

※ 전부 DMC 4번사 1올로 수놓습니다.

[원단]
오가닉 코튼(화이트)

[실]
DMC 4번사 2233, 2318, 2743

[기타]
솜

[스티치]
백 스티치, 새틴 스티치, 롱 앤 쇼트 스티치

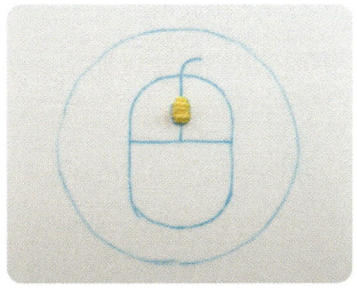
1 마우스 휠을 새틴 스티치로 수놓습니다.

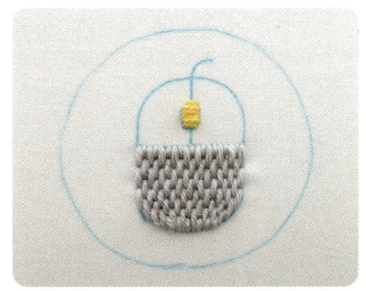
2 아래쪽 면을 롱 앤 쇼트 스티치로 채웁니다.

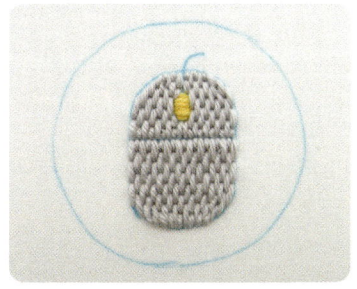
3 나머지 면도 한쪽씩 롱 앤 쇼트 스티치로 채웁니다.

4 면 사이의 선을 백 스티치로 수놓습니다.

5 전선을 백 스티치로 수놓아 마우스를 완성합니다.

> **Tip**
> '원형 오브제 만들기(25p)'를 참고해서 돌잡이 인형을 완성합니다.

생명을 살리는 **청진기**

돌잡이에서 청진기를 잡는 아이는 의사가 된다고 해요.
생명을 소중하게 여기고 사람을 살리는 훌륭한 의사가 될 거예요.

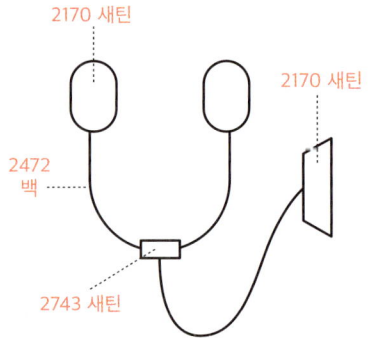

[원단]
오가닉 코튼(화이트)

[실]
DMC 4번사 2170, 2472, 2743

[기타]
솜

[스티치]
백 스티치, 새틴 스티치

※ 전부 DMC 4번사 1올로 수놓습니다.

 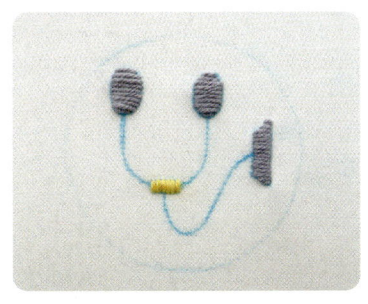 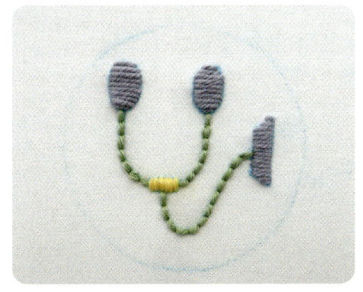

1 귀꽂이를 가로 방향 새틴 스티치로 수놓습니다.

2 청진기의 끝부분과 연결 부위를 새틴 스티치로 채웁니다.

3 나머지 부분을 백 스티치로 수놓아 청진기를 완성합니다.

> **Tip**
> '원형 오브제 만들기(25p)'를 참고해서 돌잡이 인형을 완성합니다.

전 세계를 누비는 **비행기**

비행기는 파일럿이 되는 것을 의미해요. 나라와 나라를 연결해서
지구촌 세상을 만들어가는 멋진 비행사로 자라날 거예요.

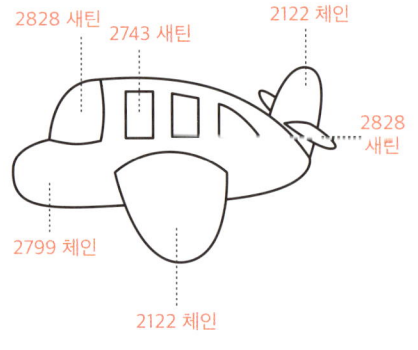

※ 전부 DMC 4번사 1올로 수놓습니다.

[원단]
오가닉 코튼(화이트)

[실]
DMC 4번사 2122, 2743, 2799, 2828

[기타]
솜

[스티치]
새틴 스티치, 체인 스티치

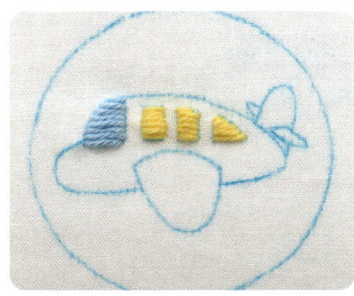

1 창문을 가로 방향 새틴 스티치로 채웁니다.

2 비행기 날개를 체인 스티치로 채웁니다.

3 비행기 몸체의 테두리를 체인 스티치로 수놓습니다.

4 안쪽의 넓은 부분을 가로 방향 체인 스티치로 채웁니다.

5 창문 사이를 세로 방향 체인 스티치로 채운 후 꼬리의 테두리를 체인 스티치로 수놓습니다.

6 안쪽을 체인 스티치로 채웁니다.

7 양 옆 꼬리를 새틴 스티치로 채워 비행기를 완성합니다.

Tip

'원형 오브제 만들기(25p)'를 참고해서 돌잡이 인형을 완성합니다.

모두의 사랑을 받는 **마이크**

마이크를 잡는 아이는 세상에 감동과 즐거움을 주는 가수나 연예인이 된다고 해요.
반짝이는 재능으로 많은 사람들의 사랑을 받으며 살게 될 거예요.

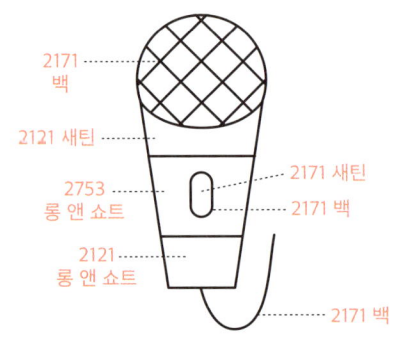

※ 전부 DMC 4번사 1올로 수놓습니다.

[원단]
오가닉 코튼(화이트)

[실]
DMC 4번사 2121, 2171, 2753

[기타]
솜

[스티치]
백 스티치, 새틴 스티치, 롱 앤 쇼트 스티치

1 마이크의 윗부분을 백 스티치로 수놓습니다.

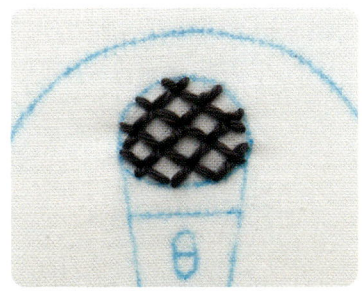
2 반대 방향으로 백 스티치를 수놓습니다.

3 테두리를 백 스티치로 수놓습니다. 손잡이의 첫 번째 칸을 새틴 스티치로 채웁니다.

4 버튼의 테두리를 백 스티치로 수놓습니다.

5 4를 덮으며 가로 방향으로 새틴 스티치를 합니다.

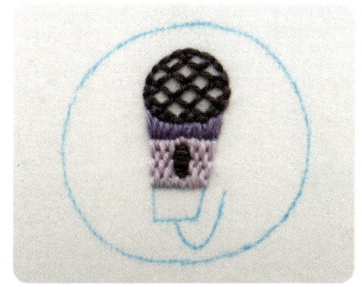
6 손잡이의 두 번째 칸을 롱 앤 쇼트 스티치로 채웁니다.

7 마지막 칸을 롱 앤 쇼트 스티치로 채웁니다.

8 전선을 백 스티치로 수놓아 마이크를 완성합니다.

Tip

'원형 오브제 만들기(25p)'를 참고해서 돌잡이 인형을 완성합니다.

행복한 무병장수 **실타래**

100세 시대에는 아프지 않고 건강하게 사는 것이 제일 중요한 일이라고 생각해요.
실타래를 잡은 아이는 무병장수하며 행복한 삶을 즐길 수 있을 거예요.

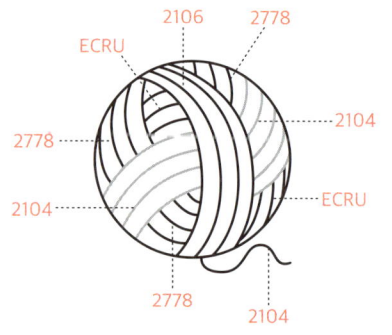

※ 전부 DMC 4번사 1올 백 스티치로 수놓습니다.

[원단]
오가닉 코튼(화이트)

[실]
DMC 4번사 ECRU, 2104, 2106, 2778

[기타]
솜

[스티치]
백 스티치

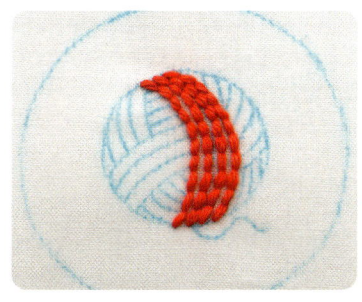

1 중앙의 세로선을 백 스티치로 수놓습니다.

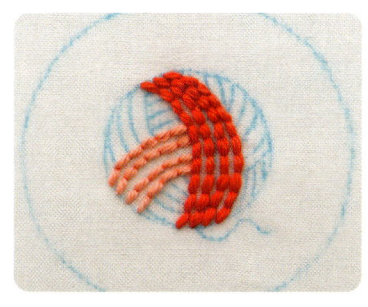

2 중앙의 가로선을 백 스티치로 수놓습니다.

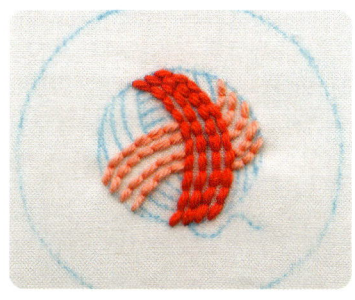

3 반대편 가로선도 백 스티치로 수놓습니다.

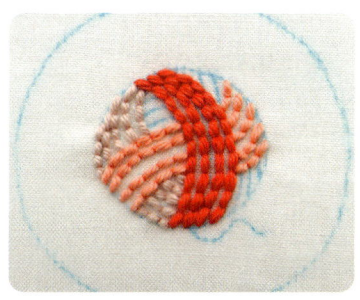

4 왼쪽의 세로선을 백 스티치로 수놓습니다.

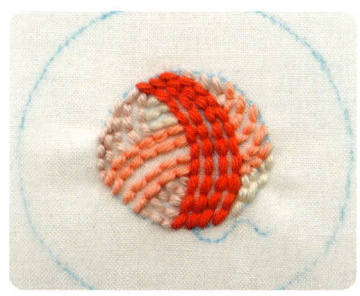

5 나머지 부분도 백 스티치로 수놓습니다.

6 튀어나온 실을 백 스티치로 수놓아 실타래를 완성합니다.

Tip

'원형 오브제 만들기(25p)'를 참고해서 돌잡이 인형을 완성합니다.

인형

아이의 곁에 늘 자리할 인형입니다.
언제든지 엄마의 포근한 사랑을 느낄 수 있을 거예요.
오가닉 테리 타월 원단을 사용해서
아이가 만지고 놀 인형을 만들어 보세요.

사랑 가득 러브 베어

꿀 먹는 곰이 그려진 옷을 입은 귀여운 러브 베어입니다.
옷 뒤에는 사랑을 표현하는 문구도 수놓았어요. 뒷모습까지 사랑스러운 곰 인형입니다.

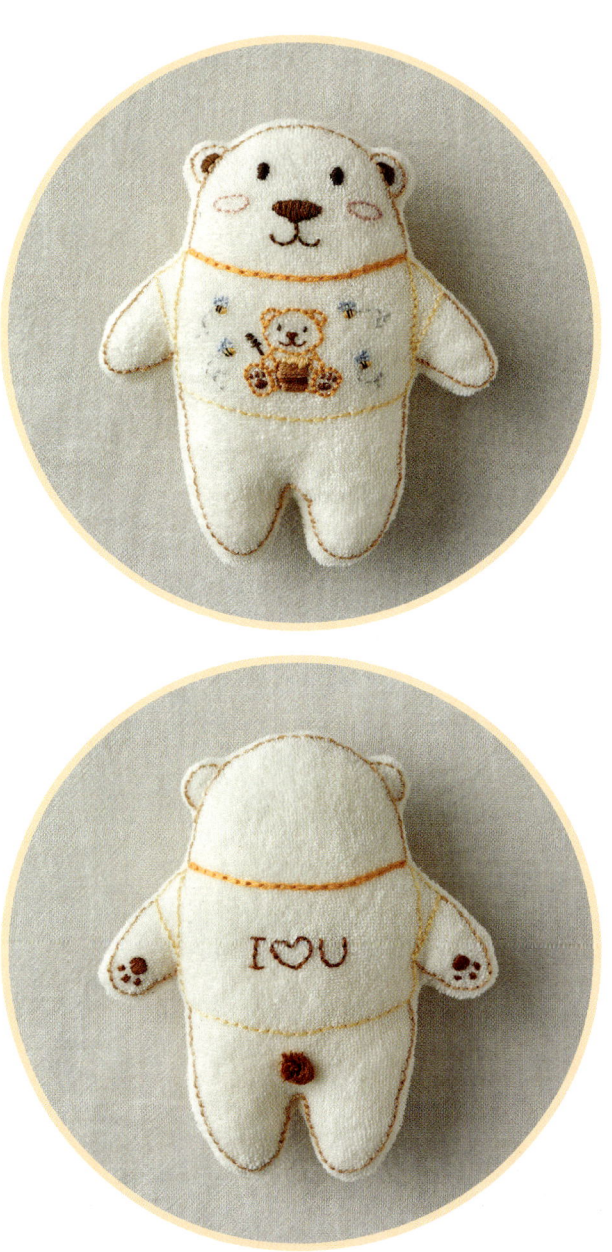

[앞]

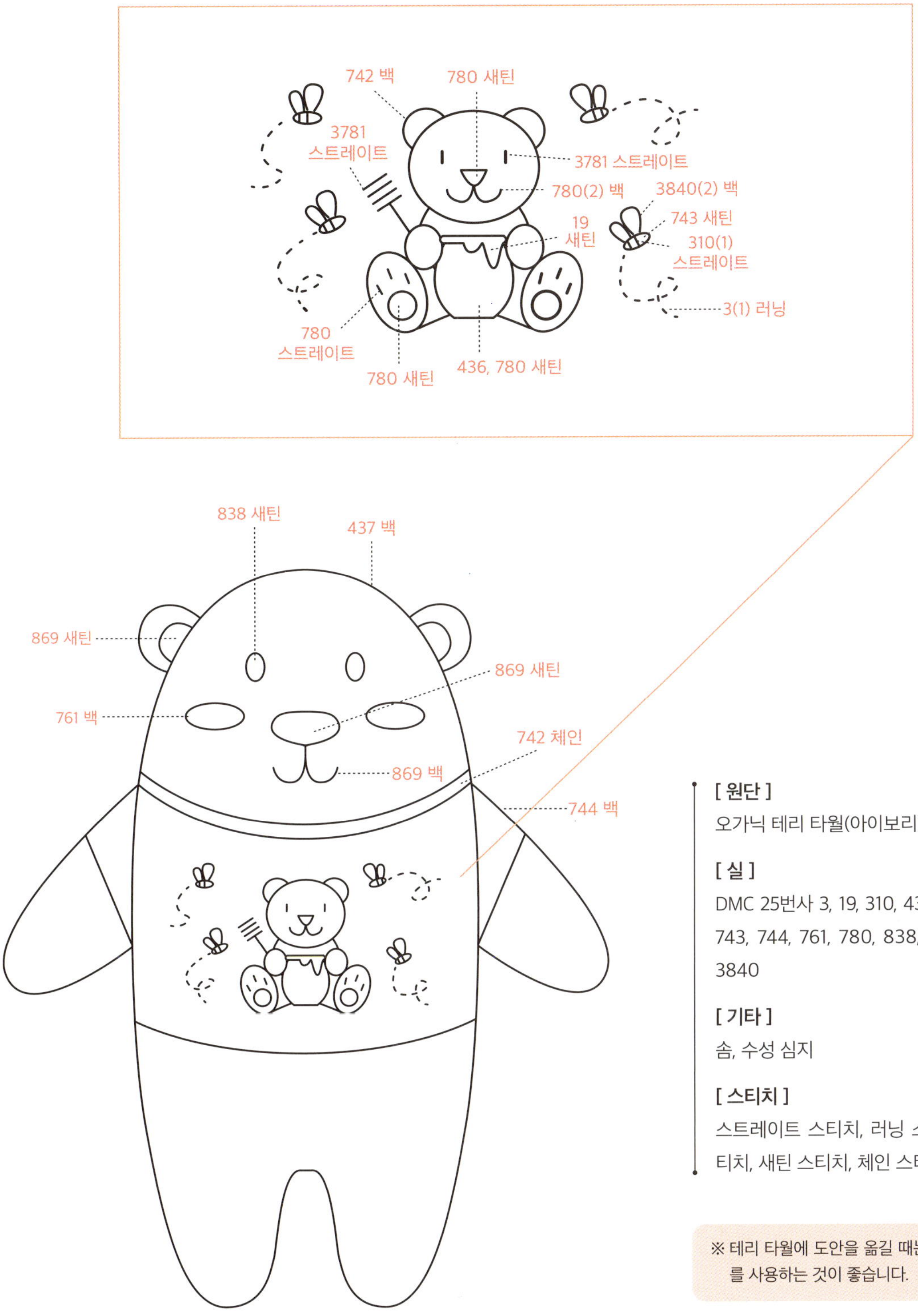

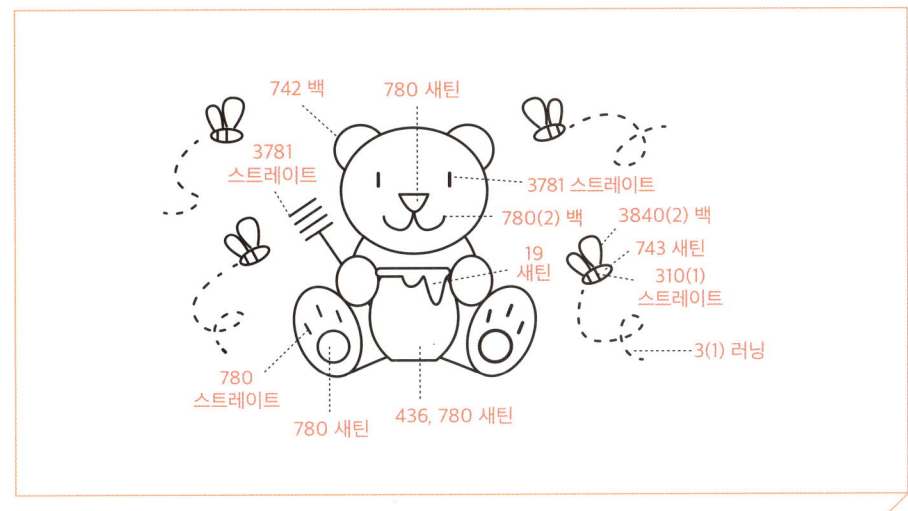

- 838 새틴
- 437 백
- 869 새틴
- 761 백
- 869 새틴
- 869 백
- 742 체인
- 744 백

[원단]
오가닉 테리 타월(아이보리)

[실]
DMC 25번사 3, 19, 310, 436, 437, 742, 743, 744, 761, 780, 838, 869, 3781, 3840

[기타]
솜, 수성 심지

[스티치]
스트레이트 스티치, 러닝 스티치, 백 스티치, 새틴 스티치, 체인 스티치

※ 테리 타월에 도안을 옮길 때는 수성 심지를 사용하는 것이 좋습니다.

러브 베어 앞면

1 코는 새틴 스티치, 입은 백 스티치로 수놓습니다.

2 눈은 도안보다 작게 세로 방향으로 새틴 스티치를 수놓습니다.

3 **2**를 덮으며 가로 방향으로 새틴 스티치를 합니다.

4 반대편 눈도 동일한 방법으로 수놓습니다. 볼을 백 스티치로 수놓습니다.

5 옷 윗부분을 체인 스티치로 1줄 수놓습니다.

6 곰과 옷의 테두리를 백 스티치로 수놓습니다.

7 옷 속 곰의 코는 새틴 스티치, 입은 백 스티치로 수놓습니다.

8 눈은 스트레이트 스티치로 수놓습니다.

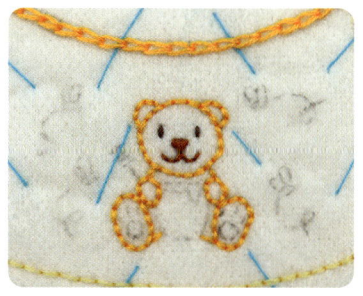

9 곰의 테두리를 백 스티치로 수놓습니다.

10 발바닥의 큰 동그라미는 새틴 스티치, 나머지는 스트레이트 스티치로 수놓습니다.

11 꿀단지의 흐르는 꿀을 세로 방향 새틴 스티치로 수놓습니다.

12 꿀단지를 가로 방향 새틴 스티치로 채웁니다.

13 벌의 몸통을 세로 방향 새틴 스티치로 수놓습니다.

14 줄무늬를 스트레이트 스티치로 수놓습니다.

15 날개를 백 스티치로 수놓습니다.

16 벌 아래쪽 선을 러닝 스티치로 수놓습니다.

17 꿀봉을 스트레이트 스티치로 수놓습니다.

18 나머지 벌과 선을 수놓아 러브 베어 앞면을 완성합니다.

[뒤]

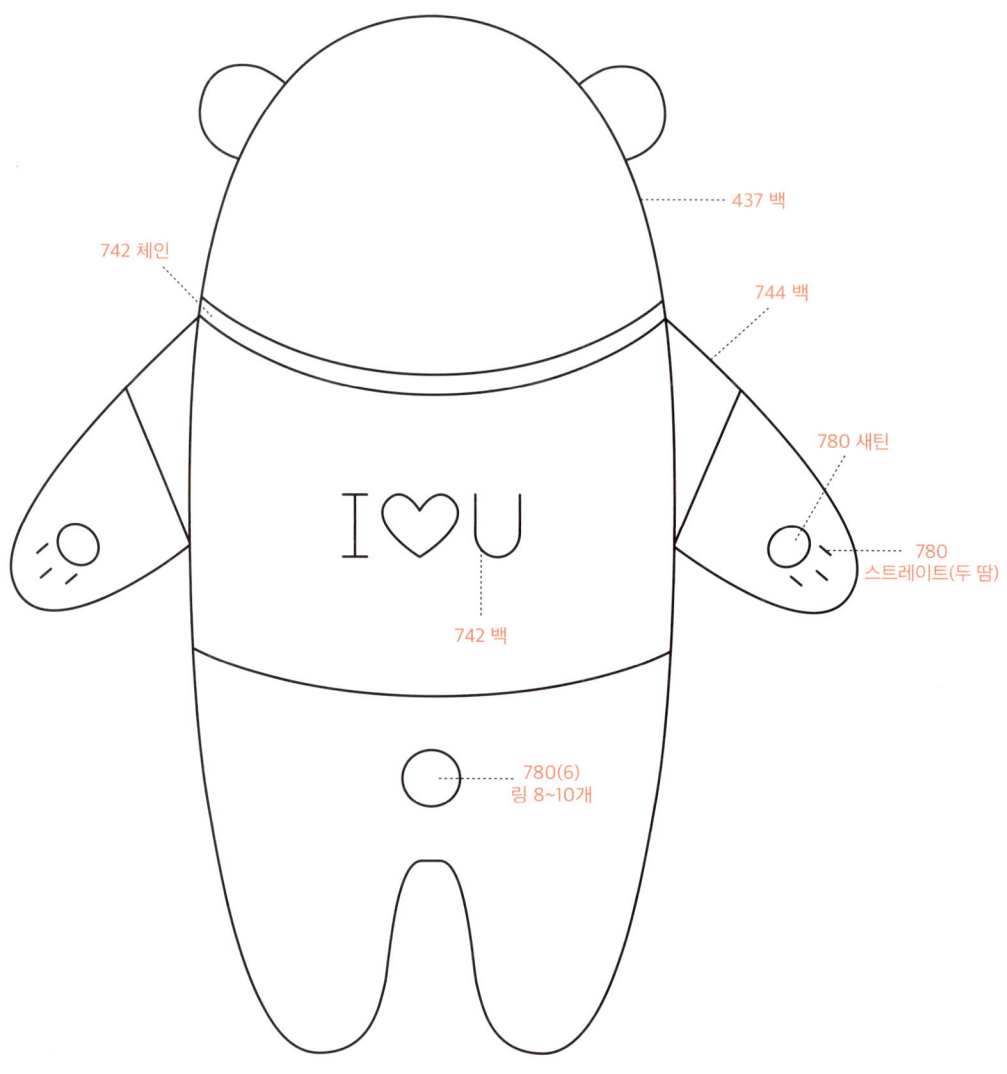

[원단]
오가닉 테리 다일(아이보리)

[실]
DMC 25번사 437, 742, 744, 780

[기타]
솜, 수성 심지

[스티치]
스트레이트 스티치, 백 스티치, 링 스티치, 새틴 스티치, 체인 스티치

※ 테리 타월에 도안을 옮길 때는 수성 심지를 사용하는 것이 좋습니다.

러브 베어 뒷면

1 옷 윗부분을 체인 스티치로 1줄 수놓습니다.

2 곰과 옷의 테두리를 백 스티치로 수놓습니다.

3 옷의 문구를 백 스티치로 수놓습니다.

4 발바닥의 큰 원은 도안보다 작게 새틴 스티치를 수놓고 그 위를 덮으며 다른 방향으로 새틴 스티치를 합니다. 나머지는 스트레이트 스티치 두 땀을 수놓습니다.

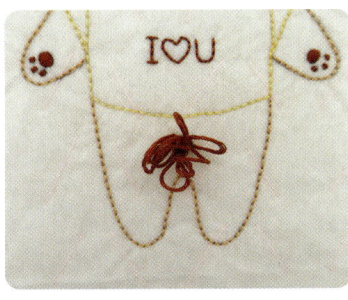

5 꼬리를 링 스티치로 수놓습니다.

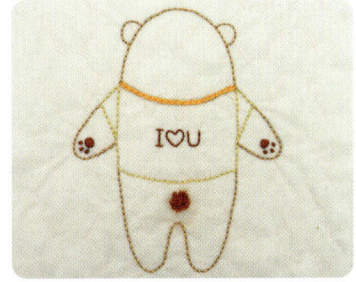

6 링 스티치의 고리를 잘라 정리해 러브 베어 뒷면을 완치합니다.

> **Tip**
> '인형 만들기(27p)'를 참고해서 인형을 완성합니다.

애정 듬뿍 러브 래빗

꽃을 좋아하는 러브 래빗입니다. 귀여운 핑크색 젤리 발바닥이 매력적인 토끼 인형입니다. 우리 아이의 애착 인형이 되어 잠자리를 지켜줄 거예요.

[앞]

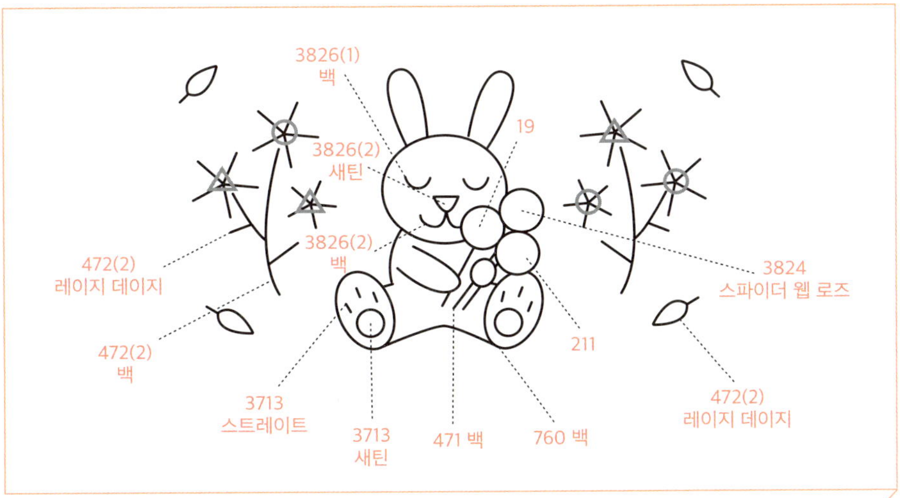

[원단]
오가닉 테리 타월(화이트)

[실]
DMC 25번사 19, 211, 471, 472, 760, 761, 819, 838, 3713, 3772, 3824, 3826

[기타]
솜, 수성 심지

[스티치]
스트레이트 스티치, 백 스티치, 레이지 데이지 스티치, 새틴 스티치, 체인 스티치, 스파이더 웹 로즈 스티치

※ O은 3779(2), △는 744(2) 레이지 데이지 스티치로 수놓습니다.
※ 옷 속 토끼가 들고 있는 꽃은 전부 스파이더 웹 로즈 스티치로 수놓습니다.
※ 테리 타월에 도안을 옮길 때는 수성 심지를 사용하는 것이 좋습니다.

러브 래빗 앞면

1 코는 새틴 스티치, 입은 백 스티치로 수놓습니다.

2 눈은 도안보다 작게 세로 방향으로 새틴 스티치를 수놓습니다.

3 **2**를 덮으며 가로 방향으로 새틴 스티치를 합니다.

4 반대편 눈도 동일한 방법으로 수놓습니다.

5 볼을 백 스티치로 수놓습니다.

6 옷의 테두리를 백 스티치로 수놓습니다.

7 토끼의 테두리를 백 스티치로 수놓습니다.

8 귀 안쪽을 체인 스티치로 수놓습니다.

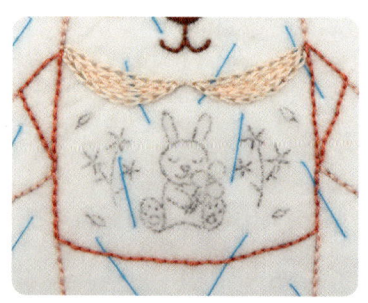

9 옷의 칼라를 체인 스티치로 수놓습니다.

10 옷 속 토끼가 든 꽃을 스파이더 웹 로즈 스티치로 수놓습니다. 이때 기둥은 3개를 만듭니다.

11 토끼의 코는 새틴 스티치, 눈과 입은 백 스티치로 수놓습니다.

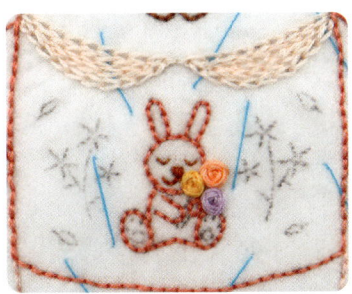

12 토끼의 테두리를 백 스티치로 수놓습니다.

13 발바닥의 큰 동그라미는 새틴 스티치, 나머지는 스트레이트 스티치로 수놓습니다.

14 꽃의 줄기를 백 스티치로 수놓습니다.

15 배경의 꽃과 잎은 레이지 데이지 스티치, 줄기는 백 스티치로 수놓습니다.

16 반대편도 동일한 방법으로 수놓습니다. 잎을 레이지 데이지 스티치로 수놓아 러브 래빗 앞면을 완성합니다.

[뒤]

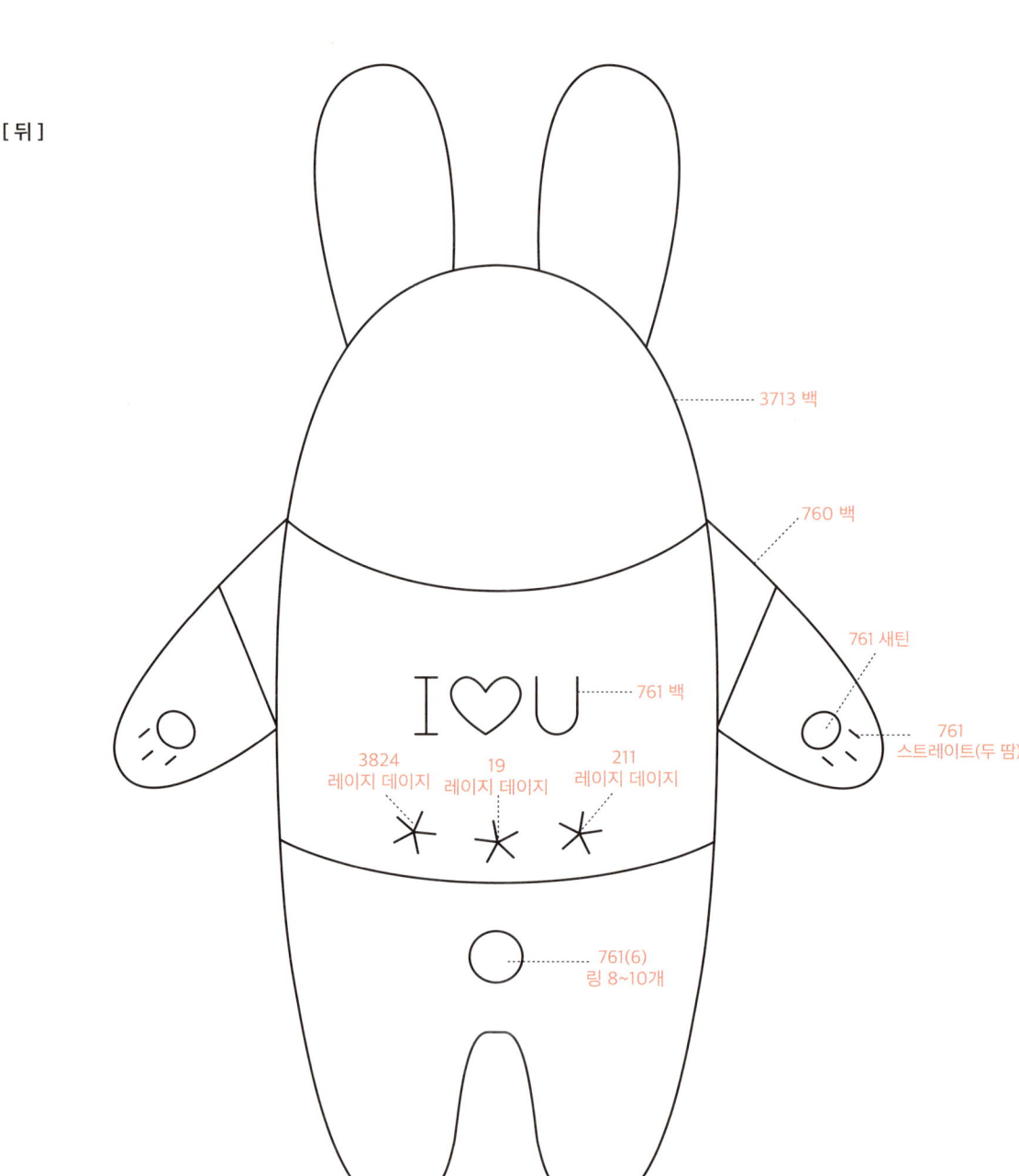

[원단]
오가닉 테리 타월(화이트)

[실]
DMC 25번사 19, 211, 760, 761, 3713, 3824

[기타]
솜, 수성 심지

[스티치]
스트레이트 스티치, 백 스티치, 레이지 데이지 스티치, 링 스티치, 새틴 스티치

※ 테리 타월에 도안을 옮길 때는 수성 심지를 사용하는 것이 좋습니다.

러브 래빗 뒷면

1 토끼와 옷의 테두리를 백 스티치로 수놓습니다.

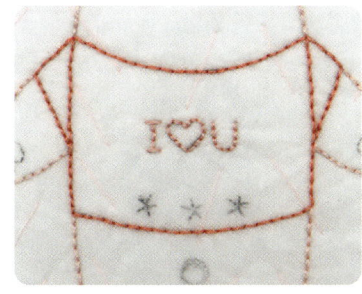

2 옷의 문구를 백 스티치로 수놓습니다.

3 꽃을 레이디 데이지 스티치로 수놓습니다.

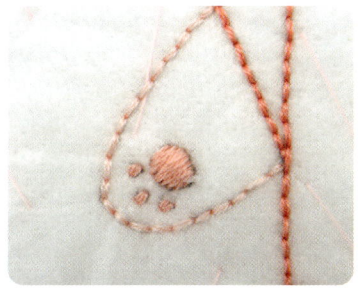

4 발바닥의 큰 원은 도안보다 작게 새틴 스티치를 수놓고 그 위를 덮으며 다른 방향으로 새틴 스티치를 합니다. 나머지는 스트레이트 스티치 두 땀을 수놓습니다.

5 꼬리를 링 스티치로 수놓습니다.

6 링 스티치의 고리를 잘라 정리해 러브 래빗 뒷면을 완성합니다.

> **Tip**
>
> '인형 만들기(27p)'를 참고해서 인형을 완성합니다.

포근포근 스웨터 베어

따뜻한 털실 옷을 입고 있는 스웨터 베어입니다. 꿀을 좋아해서
노란색 옷을 골랐대요. 4번사로 수놓아서 더욱 포근한 스웨터로 완성했어요.

[원단]
오가닉 테리 타월(아이보리)

[실]
DMC 25번사 437, 742, 761, 838, 869 / DMC 4번사 2128, 2743

[기타]
솜, 수성 심지

[스티치]
백 스티치, 새틴 스티치, 체인 스티치, 롱 앤 쇼트 스티치, 실론 스티치

※ 테리 타월에 도안을 옮길 때는 수성 심지를 사용하는 것이 좋습니다.

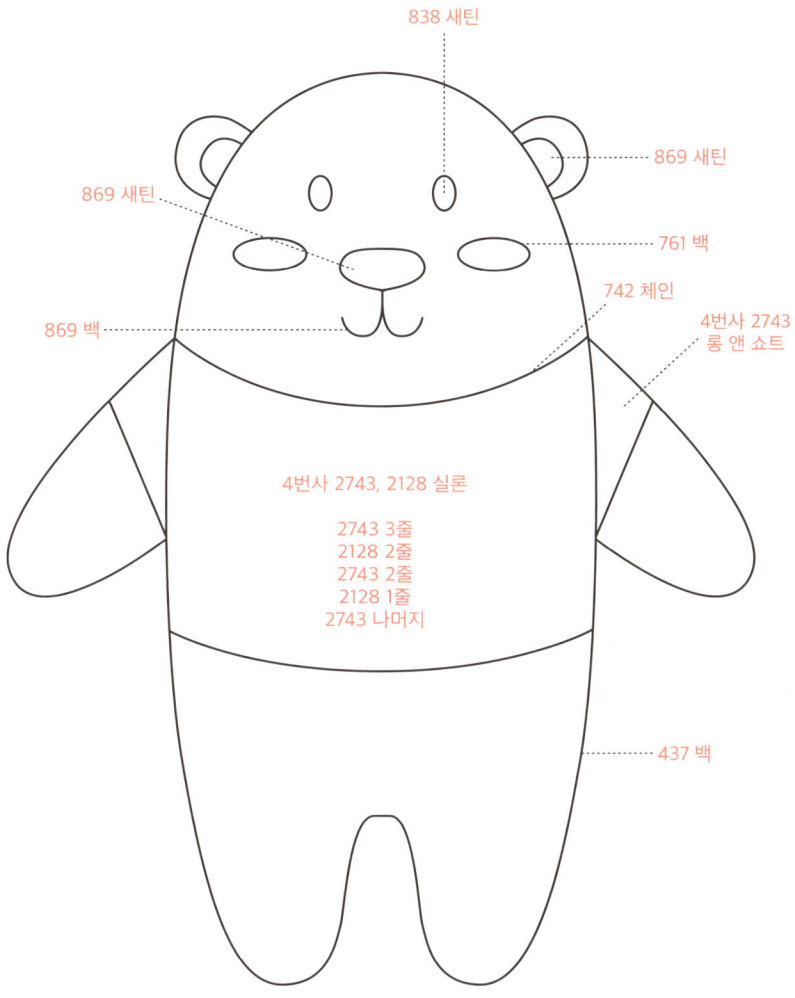

1 코는 새틴 스티치, 입은 백 스티치로 수놓습니다.

2 눈을 도안보다 작게 세로 방향으로 새틴 스티치를 수놓습니다.

3 **2**를 덮으며 가로 방향으로 새틴 스티치를 합니다.

4 반대편 눈도 동일한 방법으로 수놓습니다. 볼을 백 스티치로 수놓습니다.

5 옷 윗부분을 체인 스티치로 1줄 수놓습니다.

6 스웨터는 실론 스티치로 수놓습니다. 3줄을 수놓은 후 색을 바꿔서 수놓습니다.

7 옷 길이만큼 실론 스티치를 합니다 (노랑 3줄→민트 2줄→노랑 2줄→민트 1줄→노랑 나머지).

8 실론 스티치를 한 땀씩 천에 고정합니다.

9 스웨터 팔은 바깥쪽부터 롱 앤 쇼트 스티치로 채웁니다.

10 반대편 팔도 동일한 방법으로 수놓습니다.

11 곰의 테두리를 백 스티치로 수놓습니다. 귀 안쪽을 새틴 스티치로 수놓아 스웨터 베어를 완성합니다.

> **Tip**
> '인형 만들기(27p)'를 참고해서 인형을 완성합니다.

사랑스러운 스웨터 래빗

분홍색 스웨터를 예쁘게 입은 스웨터 래빗입니다. 커다란 귀를 쫑긋하는 모습이 깜찍해요.
사랑스러운 우리 아이와 어울리는 토끼 인형입니다.

[원단]
오가닉 테리 타월(화이트)

[실]
DMC 25번사 760, 761, 819, 838, 3713, 3772 / DMC 4번사 ECRU, 2104

[기타]
솜, 수성 심지

[스티치]
백 스티치, 새틴 스티치, 체인 스티치, 롱 앤 쇼트 스티치, 실론 스티치

※ 데리 디윌에 도안을 옮길 때는 수성 심지를 사용하는 것이 좋습니다.

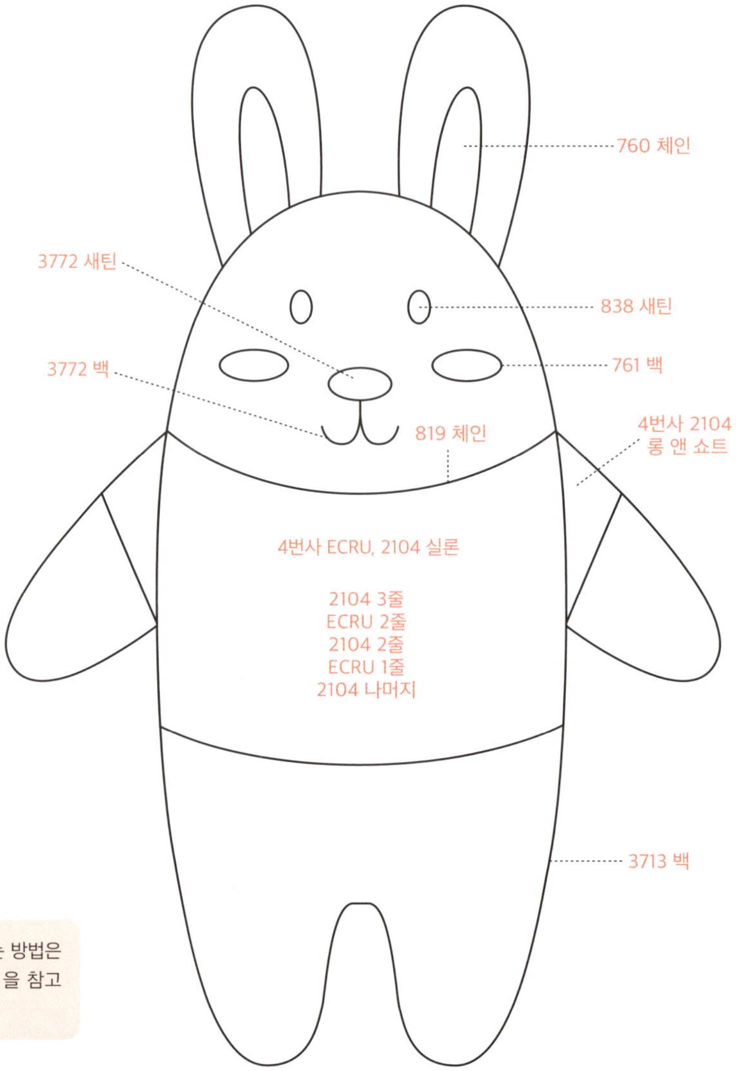

760 체인

3772 새틴

838 새틴

3772 백

761 백

819 체인

4번사 2104 롱 앤 쇼트

4번사 ECRU, 2104 실론

2104 3줄
ECRU 2줄
2104 2줄
ECRU 1줄
2104 나머지

3713 백

※ 스웨터 래빗의 수놓는 방법은 스웨터 베어의 1~11을 참고합니다.

1 안쪽 귀는 테두리부터 체인 스티치로 수놓은 후 나머지를 채웁니다.

2 반대편 귀도 동일한 방법으로 수놓습니다.

Tip

'인형 만들기(27p)'를 참고해서 인형을 완성합니다.

숲속의 파티 모빌

아이의 방을 알록달록하게 꾸밀 수 있는 모빌입니다.
빙글빙글 돌아가는 모빌을 보며
아이에게 사자의 생일 파티 이야기를 들려 주세요.

[재료] 모빌 인형(154~172p), 폼폼이, 모빌대, DMC 25번사 ECRU(6올)
[만드는 법] '모빌 만들기(29p)'를 참고해서 모빌을 완성합니다.

맑은 날의 **구름**

맑은 하늘에 떠 있는 파란 구름입니다. 날씨가 화창해서
구름도 파티를 구경할 수 있겠어요. 신나서 활짝 웃고 있는 표정을 보세요.

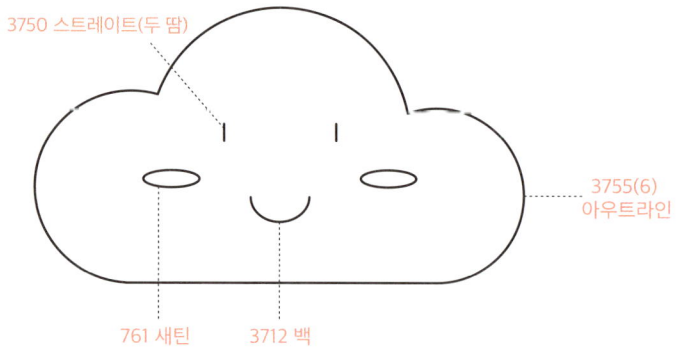

[원단]
11수 워싱 리넨(스카이블루)

[실]
DMC 25번사 761, 3712, 3750, 3755

[기타]
솜

[스티치]
스트레이트 스티치, 백 스티치,
아웃트라인 스티치, 새틴 스티치

1 눈을 좌우대칭에 주의하며 스트레이트 스티치로 수놓습니다.

2 볼을 세로 방향 새틴 스티치로 수놓습니다.

3 입을 백 스티치로 수놓습니다.

4 테두리를 아우트라인 스티치로 수놓아 구름을 완성합니다.

Tip

'불규칙한 형태 오브제 만들기(26p)'를 참고해서 모빌 인형을 완성합니다.

탐스러운 **사과나무**

동물 친구들이 자주 모여서 노는 공터의 사과나무랍니다. 주렁주렁 열린 사과가
맛있게 익었으니 생일 파티 후 디저트로 좋을 것 같아요.

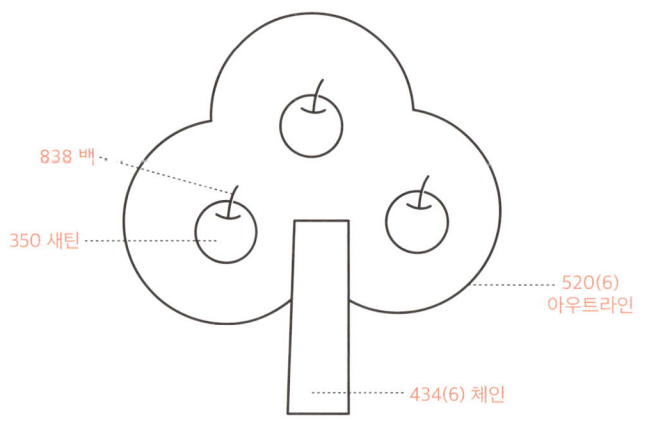

[원단]
11수 워싱 리넨(옐로우그린)

[실]
DMC 25빈사 350, 434, 520, 838

[기타]
솜

[스티치]
백 스티치, 아우트라인 스티치,
새틴 스티치, 체인 스티치

1 사과 열매는 도안보다 작게 가로 방향으로 새틴 스티치를 수놓고 그 위를 덮으며 세로 방향으로 새틴 스티치를 합니다.

2 꼭지를 백 스티치로 수놓습니다.

3 나무 기둥을 체인 스티치로 채웁니다.

4 테두리를 아우트라인 스티치로 수놓아 사과나무를 완성합니다.

Tip

'불규칙한 형태 오브제 만들기(26p)'를 참고해서 모빌 인형을 완성합니다.

노란 봄 나비

노란 봄 나비는 부끄러움이 많아서 구름 뒤에 숨어 있어요.
생일 선물이 무엇인지 궁금한 나비는 용기를 내서 동물 친구들 곁으로 날아가요.

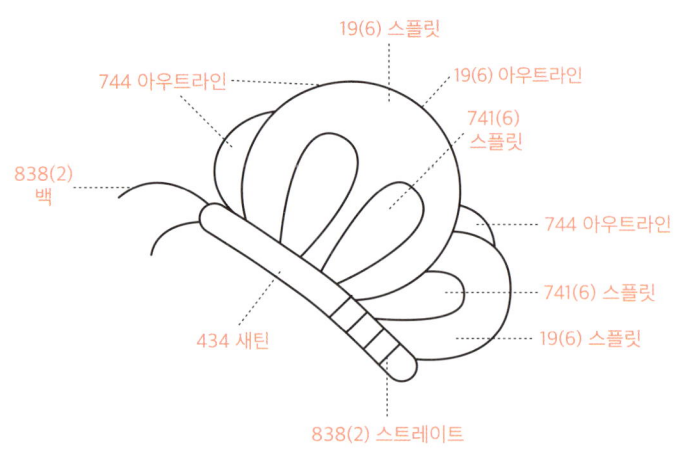

[원단]
11수 워싱 리넨(옐로우)

[실]
DMC 25번사 19, 434, 741, 744, 838

[기타]
솜

[스티치]
스트레이트 스티치, 백 스티치,
아웃라인 스티치, 스플릿 스티치, 새틴 스티치

1 나비의 몸통을 새틴 스티치로 수놓습니다.

2 몸통의 줄무늬는 스트레이트 스티치, 더듬이는 백 스티치로 수놓습니다.

3 왼쪽 날개의 테두리를 아웃라인 스티치로 수놓습니다.

4 반대편 날개를 아웃라인 스티치로 채웁니다.

5 작은 날개의 바깥 부분을 스플릿 스티치로 채웁니다.

6 작은 날개의 무늬를 스플릿 스티치로 채웁니다.

7 큰 날개의 무늬를 스플릿 스티치로 채웁니다.

8 나머지 부분을 스플릿 스티치로 채워 나비를 완성합니다.

> **Tip**
> '불규칙한 형태 오브제 만들기(26p)'를 참고해서 모빌 인형을 완성합니다.

알록달록 **무지개**

사자의 생일을 축하하듯 아름다운 무지개가 떴네요.
빨주노초파남보가 선명해서 더욱 즐거운 파티가 될 것 같아요.

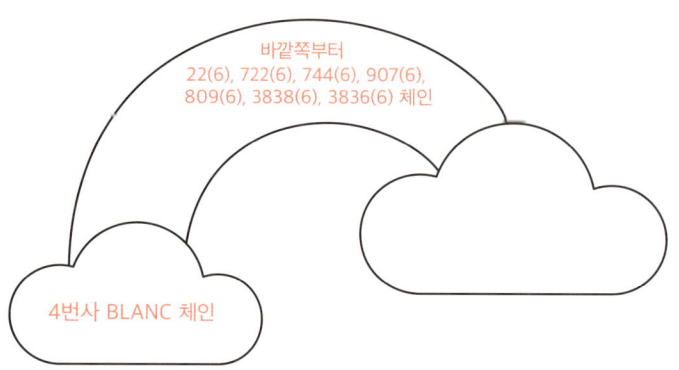

바깥쪽부터
22(6), 722(6), 744(6), 907(6),
809(6), 3838(6), 3836(6) 체인

4번사 BLANC 체인

[원단]
11수 워싱 리넨(백아이보리)

[실]
DMC 25번사 22, 722, 744, 809,
907, 3836, 3838 / DMC 4번사 BLANC

[기타]
솜

[스티치]
체인 스티치

1 무지개의 일곱 가지 색을 체인 스티치로 1줄씩 차례대로 수놓습니다.

2 구름의 테두리를 체인 스티치로 수놓습니다.

3 안쪽을 체인 스티치로 채웁니다.

4 나머지 구름도 동일한 방법으로 수놓아 무지개를 완성합니다.

Tip

'불규칙한 형태 오브제 만들기(26p)'를 참고해서 모빌 인형을 완성합니다.

푸르른 산

동물 친구들의 쉼터이자 놀이터가 되어 주는 산이에요.
오늘 생일 파티의 장소이기도 하고요. 봉우리 두 개가 귀여운 산을 수놓아 보세요.

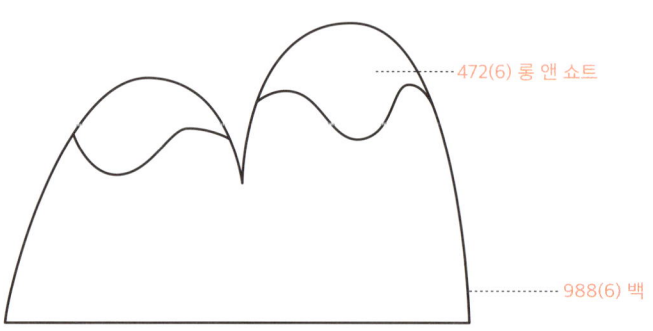

472(6) 롱 앤 쇼트
988(6) 백

[원단]
11수 워싱 리넨(그린)

[실]
DMC 25번사 472, 988

[기타]
솜

[스티치]
백 스티치, 롱 앤 쇼트 스티치

1 왼쪽 봉우리의 중앙에서 왼쪽으로 롱 앤 쇼트 스티치 첫 줄을 수놓습니다.

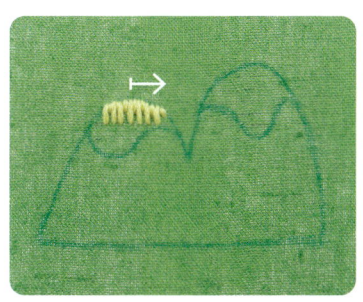

2 다시 중앙으로 돌아와 오른쪽으로 롱 앤 쇼트 스티치를 수놓습니다.

3 첫 줄을 기준으로 롱 앤 쇼트 스티치를 수놓아 채웁니다.

4 오른쪽 봉우리도 동일한 방법으로 수놓습니다.

5 테두리를 백 스티치로 수놓아 산을 완성합니다.

> **Tip**
>
> '불규칙한 형태 오브제 만들기(26p)'를 참고해서 모빌 인형을 완성합니다.

선물 가득 코끼리

사자의 생일을 축하하기 위해 선물을 잔뜩 준비했어요. 들고 오기에는 선물이 너무 많았는지 등에 실었네요. 고깔모자도 잊지 않고 쓰고 온 코끼리입니다.

[원단]
11수 워싱 리넨(그레이)

[실]
DMC 25번사 4, 26, 209, 352, 535, 553, 744, 800, 809, 819, 3326, 3712, 3838

[기타]
솜

[스티치]
스트레이트 스티치, 아웃라인 스티치, 링 스티치, 새틴 스티치, 체인 스티치, 롱 앤 쇼트 스티치

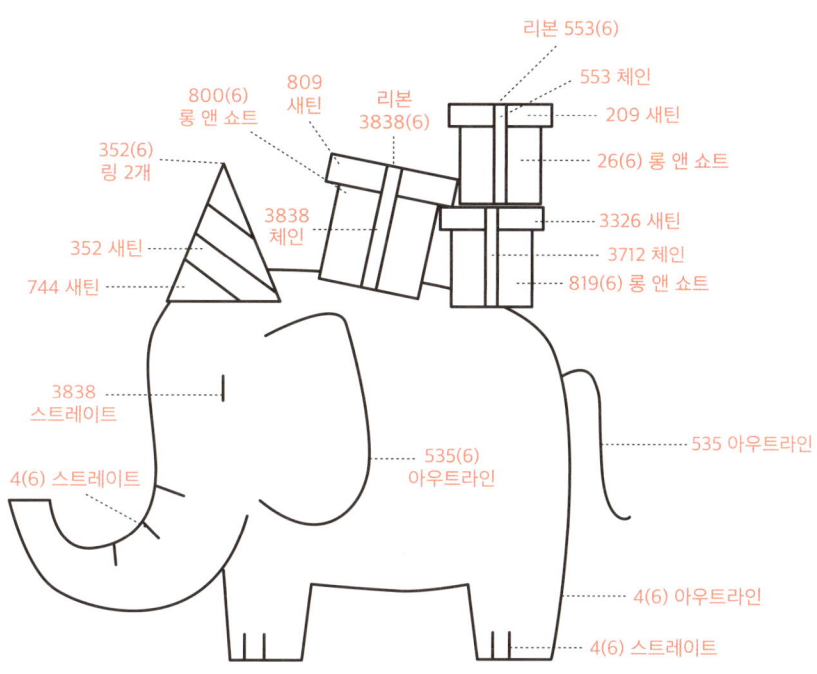

1 고깔모자를 새틴 스티치로 1칸씩 채웁니다.

2 고깔모자 끝에 링 스티치를 수놓습니다.

3 링 스티치의 고리를 잘라 정리합니다.

4 아래쪽 선물의 뚜껑을 세로 방향 새틴 스티치로 수놓습니다.

5 선물 상자를 롱 앤 쇼트 스티치로 수놓습니다. 끈을 체인 스티치로 1줄 수놓습니다.

6 나머지 선물도 동일한 방법으로 수놓습니다.

7 선물 위에 리본을 만들어 고정합니다.

8 코끼리의 테두리를 아웃라인 스티치로 수놓습니다.

9 코의 주름을 스트레이트 스티치로 수놓습니다.

10 발톱을 스트레이트 스티치로 수놓습니다.

11 꼬리는 아웃라인 스티치, 눈은 스트레이트 스티치로 수놓아 코끼리를 완성합니다.

Tip

'불규칙한 형태 오브제 만들기(26p)'를 참고해서 모빌 인형을 완성합니다.

풍선 든 곰

옆 동네에 사는 곰도 파티에 초대를 받았어요. 고깔모자를 예쁘게 쓴 곰은
지각하지 않으려고 풍선을 타고 날아왔어요.

[원단]
11수 워싱 리넨(초코브라운)

[실]
DMC 25번사 209, 352, 471, 744, 809, 920, 921, 975, 3326, 3776

[기타]
솜

[스티치]
스트레이트 스티치, 백 스티치, 아우트라인 스티치, 링 스티치, 새틴 스티치, 체인 스티치, 위빙 스티치

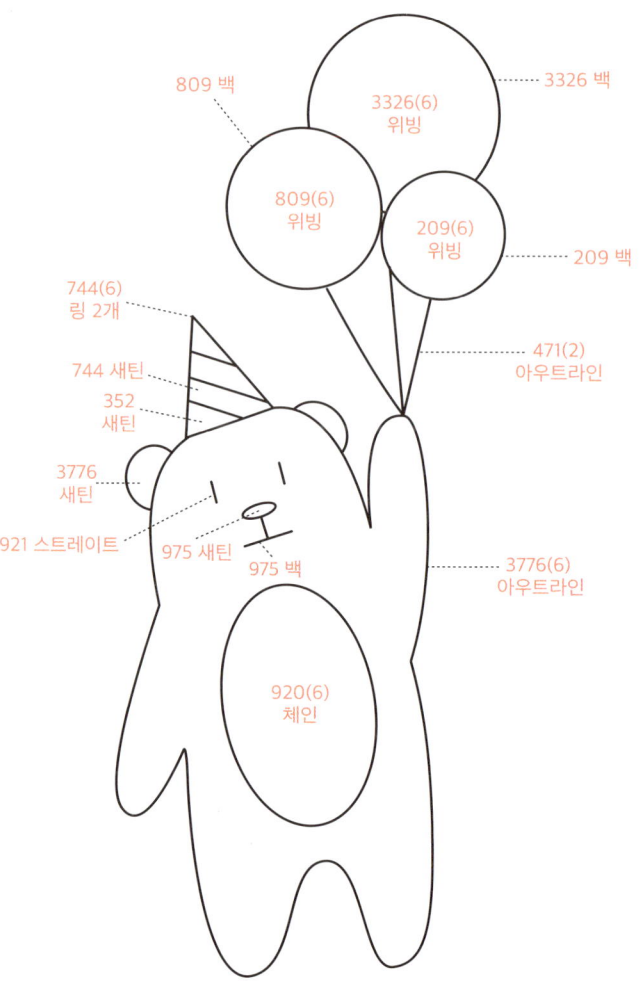

1 고깔모자를 새틴 스티치로 1칸씩 채웁니다.

2 고깔모자 끝에 링 스티치를 수놓습니다.

3 링 스티치의 고리를 잘라 정리합니다.

4 곰의 테두리를 아웃라인 스티치로 수놓습니다.

5 귀를 새틴 스티치로 채웁니다.

6 코를 세로 방향 새틴 스티치로 수놓습니다.

7 눈은 스트레이트 스티치, 입은 백 스티치로 수놓습니다.

8 배를 체인 스티치로 채웁니다.

9 오른쪽 풍선을 위빙 스티치로 채웁니다.

10 풍선의 테두리를 백 스티치로 수놓습니다. 나머지 풍선도 동일한 방법으로 수놓습니다.

11 풍선 줄은 아웃라인 스티치로 수놓아 곰을 완성합니다.

Tip

'불규칙한 형태 오브제 만들기(26p)'를 참고해서 모빌 인형을 완성합니다.

왕관 쓴 사자

오늘의 주인공인 사자랍니다. 생일을 맞이해서 왕관도 쓰고 갈기도 예쁘게 다듬었어요. 사자의 생일을 함께 축하해 주세요!

[원단]
11수 워싱 리넨(베이지)

[실]
DMC 25번사 BLANC, 19, 422, 434, 436, 741, 838

[기타]
솜

[스티치]
스트레이트 스티치, 백 스티치, 프렌치 넛 스티치, 스플릿 스티치, 새틴 스티치, 체인 스티치

1 사자 얼굴을 백 스티치로 수놓습니다.

2 귀는 백 스티치, 귀 안쪽은 새틴 스티치로 채웁니다.

3 코는 도안보다 작게 가로 방향으로 새틴 스티치를 수놓습니다.

4   3을 덮으며 세로 방향으로 새틴 스티치를 합니다.

5   코의 나머지 부분을 백 스티치로 수놓습니다.

6   눈은 도안보다 작게 세로 방향 스티치로 수놓고 그 위를 덮으며 가로 방향 새틴 스티치를 합니다. 스트레이트 스티치로 하얀 점을 만듭니다.

7   입을 백 스티치로 수놓습니다.

8   왕관을 스플릿 스티치로 채웁니다. 테두리부터 수놓은 후 안쪽을 채웁니다.

9   왕관 끝에 프렌치 넛 스티치를 수놓습니다.

11   갈기를 체인 스티치로 채웁니다. 테두리부터 수놓은 후 안쪽을 채웁니다.

12   발은 도안보다 작게 가로 방향 새틴 스티치로 수놓고 그 위를 덮으며 세로 방향 새틴 스티치로 수놓습니다. 몸통을 백 스티치로 수놓아 사자를 완성합니다.

Tip

'불규칙한 형태 오브제 만들기(26p)'를 참고해서 모빌 인형을 완성합니다.

책

엄마가 정성스레 한 땀 한 땀 수놓아
세상에 단 하나밖에 없는 패브릭 북입니다.
천으로 만들기 때문에 위험하지도 않아
아이에게 소중한 선물이 될 거예요.

별님 달님 우리 아이 첫 초점 책

아이가 태어나서 처음 마주하는 책인 초점 책입니다.
아직 색 구분이 힘든 신생아의 시각 발달을 위해 만든 흑백의 책이에요.
달과 별, 비와 해를 따뜻한 패브릭 책으로 먼저 만날 수 있게 해주세요.

[**재료**] 각 책 페이지(176~185p), 솜
[**만드는 법**] '책 만들기(30~31p)'를 참고해서 책을 완성합니다.

Tip

○ 검은색 천에 도안을 옮길 때는 흰색 수성 먹지를 사용합니다.
○ 솜을 넣어 도톰하게 만들었습니다.
○ 작품 순서는 아이가 책을 펼쳤을 때 나오는 페이지 순서와 같습니다.
○ 책을 만들 때는 아래 그림을 참고해 도안을 배치합니다.

처음 만나는 책(표지)

구름 위에서 별을 낚는 곰이랍니다. 구름이 너무나 포근해서 깜빡 잠이 들어버렸어요. 아이의 꿈속에 빛나는 별이 가득하기를 바랍니다.

[원단]
11수 워싱 리넨(화이트)

[실]
DMC 25번사 BLANC, 310

[스티치]
백 스티치, 새틴 스티치, 체인 스티치

1 글씨를 백 스티치로 수놓습니다. 땀의 크기를 작게 할수록 글씨가 섬세하게 표현됩니다.

2 코와 팔을 세로 방향 새틴 스티치로 수놓습니다.

3 얼굴과 귀를 백 스티치로 수놓습니다.

4 구름은 체인 스티치로 테두리부터 수놓은 후 안쪽을 채웁니다.

5 낚싯대와 별을 백 스티치로 수놓습니다.

6 낚싯대와 별을 백 스티치로 연결해 초점 책 표지를 완성합니다.

밤하늘에 반짝반짝 별

혼자 있는 큰 별이 외로울까 봐 작은 별들이 놀러 왔어요.
반짝이는 별들과 함께라 큰 별도 더는 심심하지 않아요.

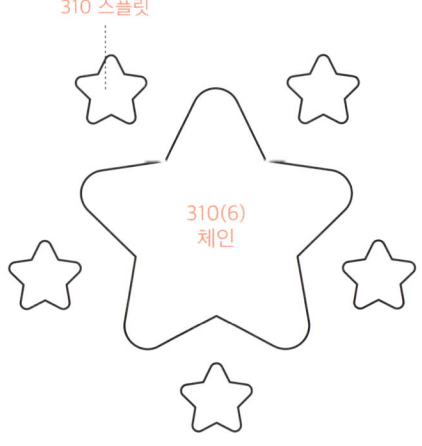

310 스플릿
310(6) 체인

[원단]
11수 워싱 리넨(화이트)

[실]
DMC 25번사 310

[스티치]
스플릿 스티치, 체인 스티치

1 큰 별의 테두리를 체인 스티치로 수놓습니다.

2 안쪽을 테두리 부분부터 체인 스티치로 1줄씩 채웁니다.

3 작은 별의 테두리를 스플릿 스티치로 수놓습니다.

4 안쪽을 스플릿 스티치로 채웁니다.

5 나머지 별도 동일한 방법으로 수놓아 별을 완성합니다.

촉촉하게 내리는 비

주룩주룩 비가 오는 모습입니다. 크고 작은 빗방울이 떨어지고 있어요.
땅을 촉촉하게 적셔 주면 새싹이 자라날 거예요.

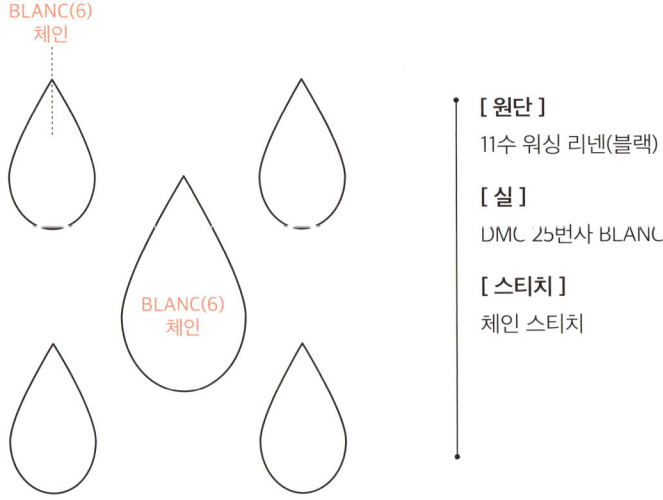

BLANC(6) 체인

BLANC(6) 체인

[원단]
11수 워싱 리넨(블랙)

[실]
DMC 25번사 BLANC

[스티치]
체인 스티치

1 큰 빗방울을 체인 스티치로 수놓습니다.

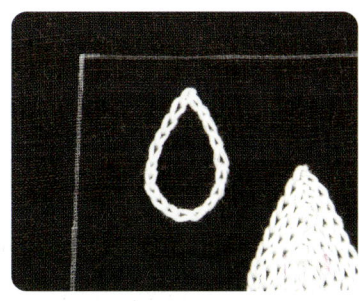
2 작은 빗방울의 테두리를 체인 스티치로 수놓습니다.

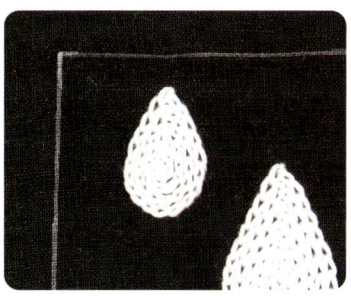
3 안쪽을 체인 스티치로 채웁니다.

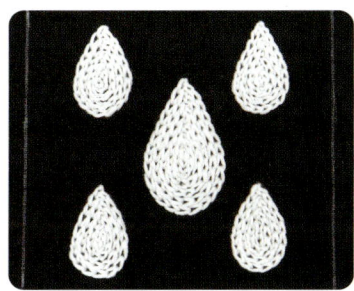
4 나머지 빗방울도 동일한 방법으로 수놓아 비를 완성합니다.

온 세상을 비추는 해

밝은 낮에 아이를 지켜봐 주는 커다란 해입니다.
온 세상을 환하게 비추는 해가 아이를 든든하게 지켜 줄 거예요.

[원단]
11수 워싱 리넨(블랙)

[실]
DMC 25번사 BLANC

[스티치]
스플릿 스티치, 체인 스티치

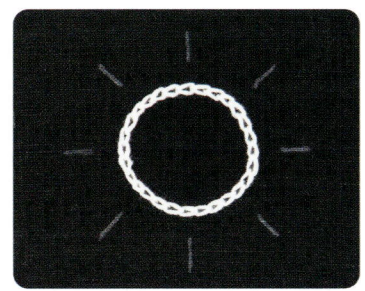 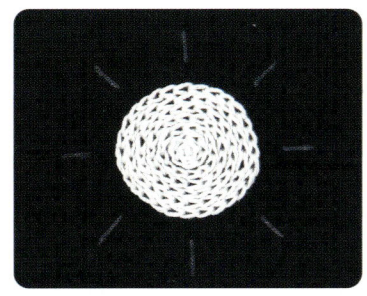 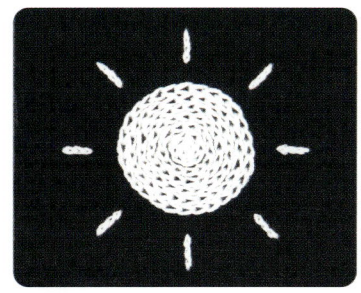

1 큰 원의 테두리를 체인 스티치로 수놓습니다.

2 안쪽을 체인 스티치로 채웁니다.

3 빛나는 부분을 스플릿 스티치로 1줄씩 수놓아 해를 완성합니다.

소원을 이루어 주는 달

날마다 변하는 달의 모습을 다양하게 담았어요.
토끼가 떡방아를 찧는 보름달이 되면 소원을 빌어 보아요.

[원단]
11수 워싱 리넨(화이트)

[실]
DMC 25번사 310

[스티치]
새틴 스티치, 체인 스티치

※ 작은 달은 같은 모양끼리 동일한 컬러와 스티치로 수놓습니다.

1 큰 달의 테두리를 체인 스티치로 수놓습니다.

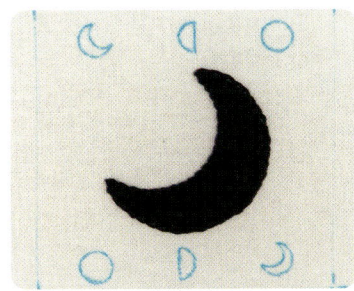
2 안쪽을 체인 스티치로 채웁니다.

3 작은 초승달을 새틴 스티치로 수놓습니다.

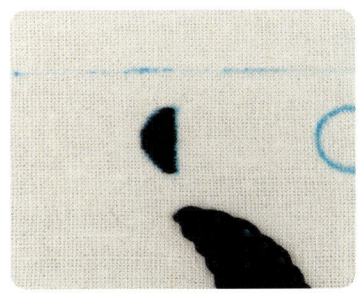
4 작은 반달을 가로 방향 새틴 스티치로 수놓습니다.

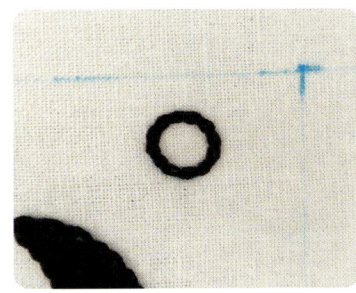
5 작은 보름달의 테두리를 체인 스티치로 수놓습니다.

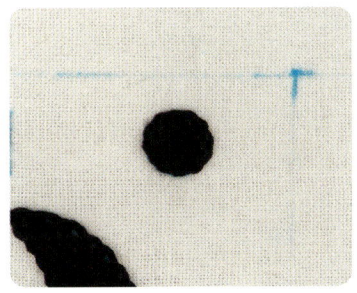
6 안쪽을 체인 스티치로 채웁니다.

7 나머지 달을 동일한 방법으로 수놓아 달을 완성합니다.

숫자책 하나 둘 셋

××××××

어려워 보이는 숫자를 친근하게 느낄 수 있도록 아기자기하게 만든 숫자 책입니다.
다양한 포즈를 취하고 있는 숫자들을 손으로 따라 그리며 읽을 수 있어요.
바스락 소리가 나는 책이라 더욱 재미있게 놀 수 있어요.

[재료] 각 책 페이지(188~209p), 셀로판지
[만드는 법] '책 만들기(30~31p)'를 참고해서 책을 완성합니다.

Tip

○ 셀로판지를 넣어 책에서 소리가 나게 만들었습니다.
○ 작품 순서는 아이가 책을 펼쳤을 때 나오는 페이지 순서와 같습니다.
○ 책을 만들 때는 아래 그림을 참고해 도안을 배치합니다.

	앞면			뒷면	
❶		표지	—	0	9
❷	8	1	—	2	7
❸	4	5	—	6	3

숫자를 세어 보세요(표지)

하나, 둘, 셋 숫자 친구들이 모여 있어요.
손가락으로 세어 보며 개성 넘치는 숫자 친구들과 친해져 볼까요?

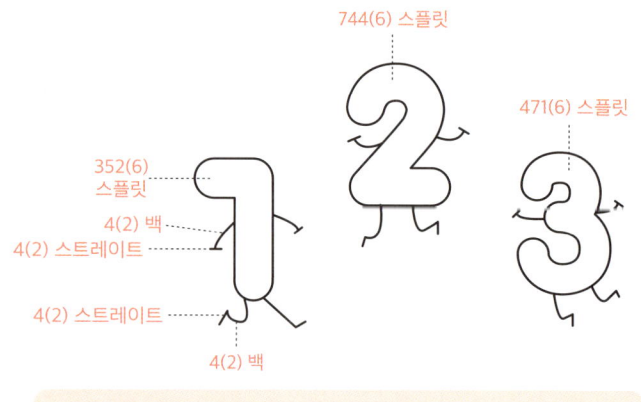

※ 숫자의 팔과 다리는 전부 동일한 컬러와 스티치로 수놓습니다.

[원단]
11수 워싱 리넨(백아이보리)

[실]
DMC 25번사 4, 352, 471, 744

[스티치]
스트레이트 스티치, 백 스티치,
스플릿 스티치

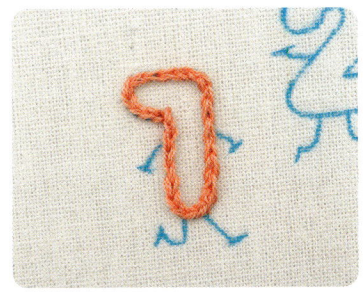

1 숫자 1의 테두리를 스플릿 스티치로 수놓습니다.

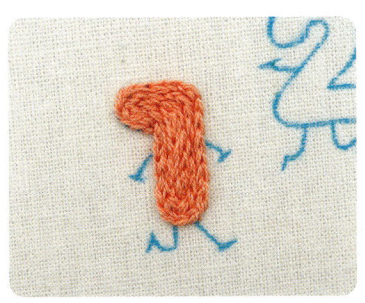

2 안쪽을 스플릿 스티치로 채웁니다.

3 팔은 백 스티치, 손은 스트레이트 스티치로 수놓습니다.

4 나머지 팔과 다리도 동일한 방법으로 수놓습니다.

5 숫자 2의 테두리를 스플릿 스티치로 수놓습니다.

6 안쪽을 스플릿 스티치로 채웁니다.

7 팔과 다리를 3~4와 동일한 방법으로 수놓습니다.

8 숫자 3을 스플릿 스티치로 테두리부터 수놓은 후 안쪽을 채웁니다.

9 팔과 다리를 3~4와 동일한 방법으로 수놓아 숫자 책 표지를 완성합니다.

건강한 0

동그란 모양의 숫자 0은 힘이 센 친구예요.
도넛처럼 생겨서 귀엽지만 전부 근육이래요!

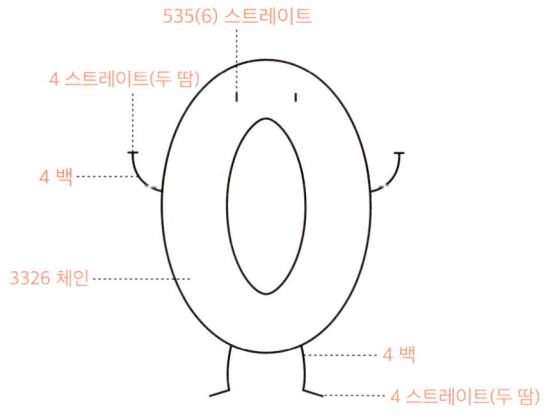

[원단]
11수 워싱 리넨(백아이보리)

[실]
DMC 25번사 4, 535, 3326

[스티치]
스트레이트 스티치, 백 스티치,
체인 스티치

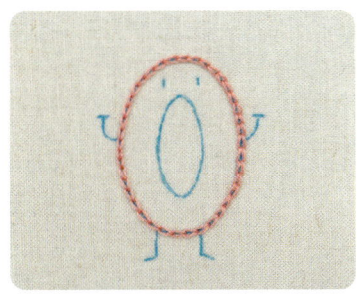
1 숫자 0의 테두리를 체인 스티치로 수놓습니다.

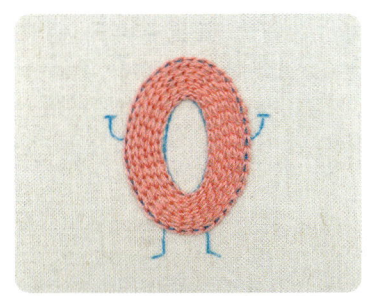
2 안쪽을 테두리 부분부터 체인 스티치로 1줄씩 채웁니다.

3 팔과 다리는 백 스티치, 손과 발은 스트레이트 스티치 두 땀으로 수놓습니다.

4 눈을 스트레이트 스티치로 수놓아 숫자 0을 완성합니다.

인기 만점 1

키가 큰 숫자 1이 친구들에게 손 흔들어 인사하고 있어요.
모델처럼 멋진 1은 늘 밝게 인사를 건네서 인기 만점이랍니다.

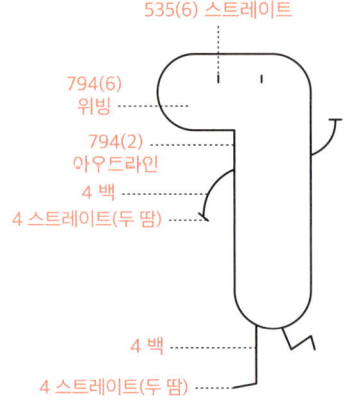

535(6) 스트레이트
794(6) 위빙
794(2) 아우트라인
4 백
4 스트레이트(두 땀)
4 백
4 스트레이트(두 땀)

[원단]
11수 워싱 리넨(백아이보리)

[실]
DMC 25번사 4, 535, 794

[스티치]
스트레이트 스티치, 백 스티치,
아우트라인 스티치, 위빙 스티치

1 숫자 1에 균일하게 칸을 나눠 세로 기둥을 수놓습니다.

2 가로 면적이 넓은 부분부터 위빙 스티치를 수놓습니다.

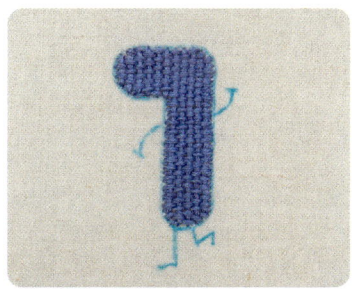

3 나머지 부분도 위빙 스티치로 채웁니다.

4 숫자 1의 테두리를 아우트라인 스티치로 수놓습니다.

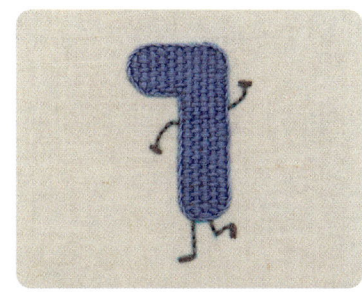

5 팔과 다리는 백 스티치, 손과 발은 스트레이트 두 땀으로 수놓습니다.

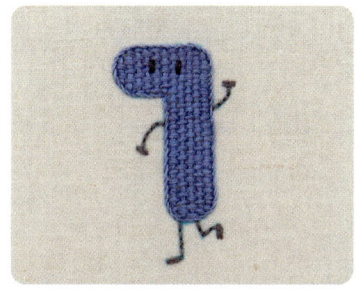

6 눈을 좌우대칭에 주의하며 스트레이트 스티치로 수놓아 숫자 1을 완성합니다.

약속을 지키는 2

숫자 2가 팔을 허리에 얹고 서 있어요. 약속을 소중하게 여기는 숫자 2는 약속 장소에 미리 도착해 친구를 기다리고 있어요.

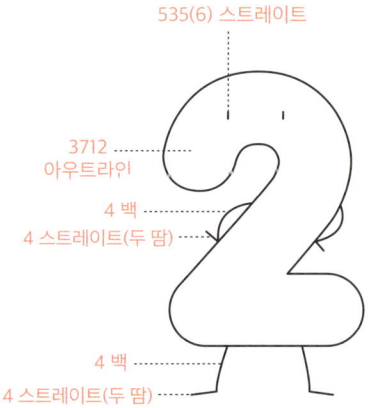

535(6) 스트레이트
3712 아우트라인
4 백
4 스트레이트(두 땀)
4 백
4 스트레이트(두 땀)

[원단]
11수 워싱 리넨(백아이보리)

[실]
DMC 25번사 4, 535, 3712

[스티치]
스트레이트 스티치, 백 스티치, 아우트라인 스티치

1 숫자 2의 테두리를 아웃라인 스티치로 수놓습니다.

2 안쪽을 아웃라인 스티치로 사진처럼 채웁니다.

3 팔과 다리는 백 스티치, 손과 발은 스트레이트 스티치 두 땀으로 수놓습니다.

4 눈을 좌우대칭에 주의하며 스트레이트 스티치로 수놓아 숫자 2를 완성합니다.

이야기꾼 3

숫자 3이 입을 열기 시작하면 모두가 금방 그 이야기에 빠져들어요.
오늘도 친구들에게 재미난 이야기를 들려 주는 모양이네요.

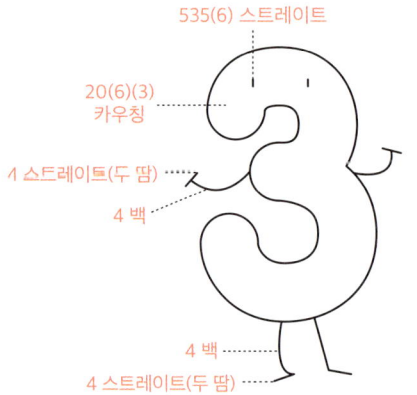

[원단]
11수 워싱 리넨(백아이보리)

[실]
DMC 25번사 4, 20, 535

[스티치]
스트레이트 스티치, 백 스티치,
카우칭 스티치

1 숫자 3의 테두리를 카우칭 스티치로 수놓습니다.

2 안쪽을 테두리 부분부터 카우칭 스티치로 1줄씩 채웁니다.

3 팔과 다리는 백 스티치, 손과 발은 스트레이트 스티치 두 땀으로 수놓습니다.

4 눈을 좌우대칭에 주의하며 스트레이트 스티치로 수놓아 숫자 3을 완성합니다.

용감한 4

작지만 용감한 숫자 4는 코뿔소처럼 멋진 뿔이 있어요.
괴롭힘을 당하는 숫자 친구가 있다면 '짠' 하고 나타나서 지켜준답니다.

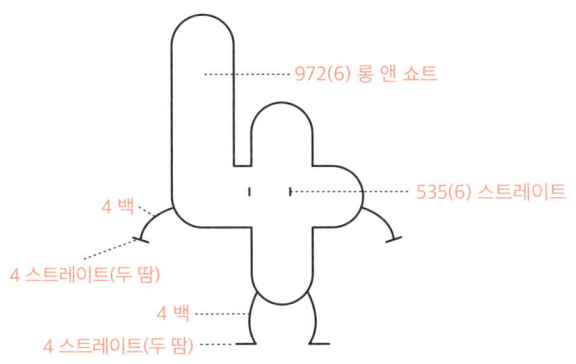

[원단]
11수 워싱 리넨(백아이보리)

[실]
DMC 25번사 4, 535, 972

[스티치]
스트레이트 스티치, 백 스티치,
롱 앤 쇼트 스티치

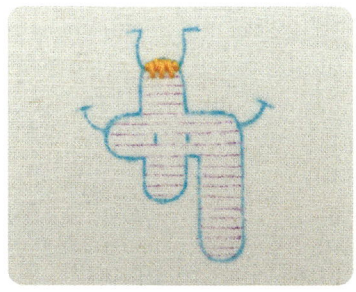

1. 숫자 4에 균일하게 칸을 나눠 보조선을 그은 후 롱 앤 쇼트 스티치로 수놓습니다. 사진처럼 뒤집어서 시작하면 수놓기가 편합니다.

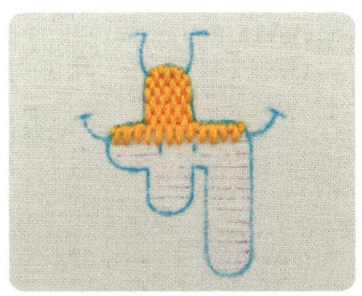

2. 이미 수놓은 부분을 기준으로 가로 면적이 넓은 부분을 롱 앤 쇼트 스티치로 수놓습니다.

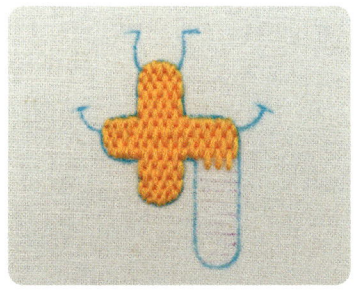

3. 세로 면적이 좁은 부분을 롱 앤 쇼트 스티치로 채웁니다.

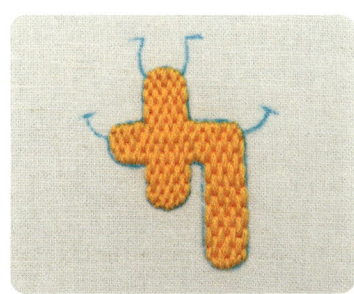

4. 나머지 부분도 롱 앤 쇼트 스티치로 수놓습니다.

5. 팔과 다리는 백 스티치, 손과 발은 스트레이트 스티치 두 땀으로 수놓습니다.

6. 눈을 좌우대칭에 주의하며 스트레이트 스티치로 수놓아 숫자 4를 완성합니다.

의리를 지키는 5

의리 있는 숫자 5는 숫자 4와 단짝 친구에요. 숫자 4가 친구들을 지켜 줄 때면
언제나 함께해요. 지금도 서둘러 친구를 도와 주러 가고 있어요.

[원단]
11수 워싱 리넨(백아이보리)

[실]
DMC 25번사 4, 535, 734

[스티치]
스트레이트 스티치, 백 스티치,
체인 스티치

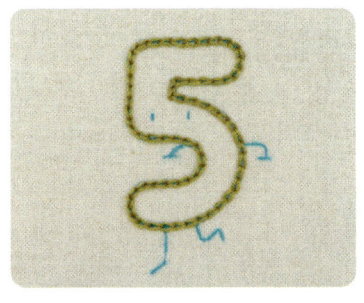

1 숫자 5의 테두리를 체인 스티치로 수놓습니다.

2 안쪽을 체인 스티치로 채웁니다.

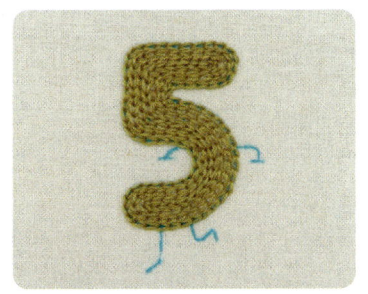

3 얇게 남은 부분을 체인 스티치로 1줄 수놓아 채웁니다.

4 팔과 다리는 백 스티치, 손과 발은 스트레이트 스티치 두 땀으로 수놓습니다.

5 눈을 좌우대칭에 주의하며 스트레이트 스티치로 수놓아 숫자 5를 완성합니다.

호기심 많은 6

호기심 많은 숫자 6은 모르는 것이 생기면 질문을 한답니다.
오늘도 궁금한 것이 생겼나 봐요. 손을 번쩍 들고 질문을 하고 있어요.

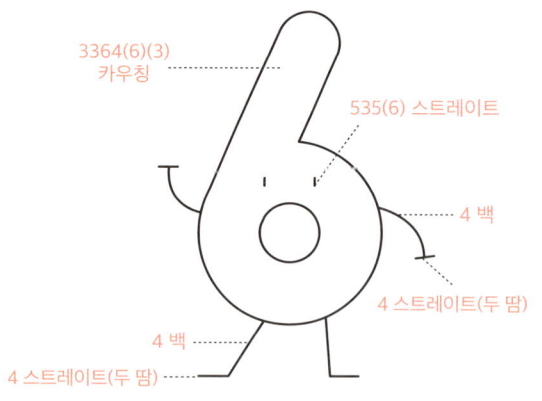

[원단]
11수 워싱 리넨(백아이보리)

[실]
DMC 25번사 4, 535, 3364

[스티치]
스트레이트 스티치, 백 스티치, 카우칭 스티치

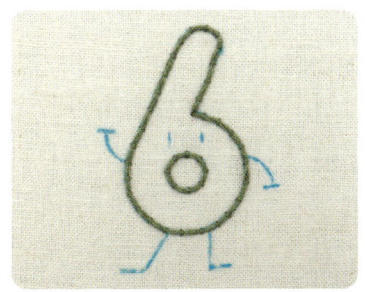

1 숫자 6의 테두리를 카우칭 스티치로 수놓습니다.

2 안쪽을 카우칭 스티치로 채웁니다.

3 팔과 다리는 백 스티치, 손과 발은 스트레이트 스티치 두 땀으로 수놓습니다.

4 눈을 좌우대칭에 주의하며 스트레이트 스티치로 수놓아 숫자 6을 완성합니다.

똑똑한 7

책 읽는 것을 좋아하는 숫자 7은 아는 것이 많아요. 척척박사라는 별명이 있는 똑똑한 숫자랍니다. 숫자 6의 질문에 늘 차분하게 대답해 주는 친구랍니다.

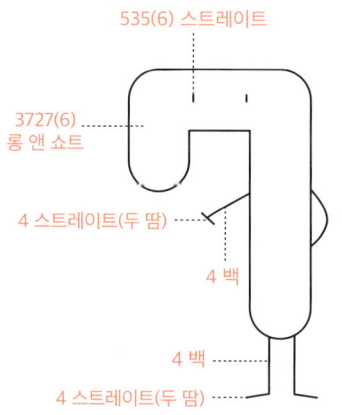

535(6) 스트레이트
3727(6) 롱 앤 쇼트
4 스트레이트(두 땀)
4 백
4 백
4 스트레이트(두 땀)

[원단]
11수 워싱 리넨(백아이보리)

[실]
DMC 25번사 4, 535, 3727

[스티치]
스트레이트 스티치, 백 스티치,
롱 앤 쇼트 스티치

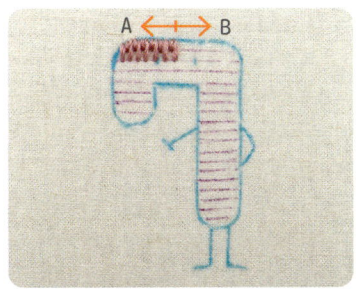

1 숫자 7에 균일하게 칸을 나눠 보조선을 그은 후 중앙에서 왼쪽(A), 다시 중앙에서 오른쪽(B)으로 롱 앤 쇼트 스티치 첫 번째 줄을 수놓습니다.

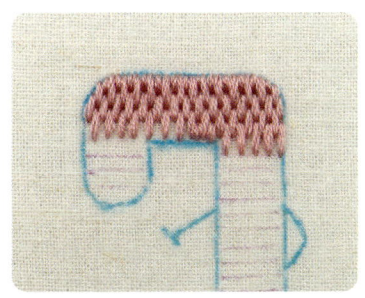

2 면이 갈라지는 부분까지 롱 앤 쇼트 스티치로 수놓습니다. 도안선에 닿는 부분을 짧은 땀으로 마무리합니다.

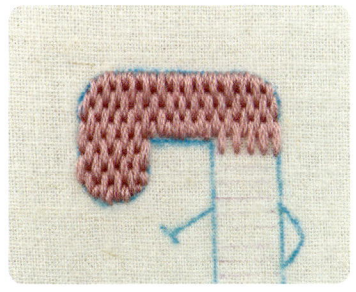

3 세로 면적이 좁은 부분을 롱 앤 쇼트 스티치로 채웁니다.

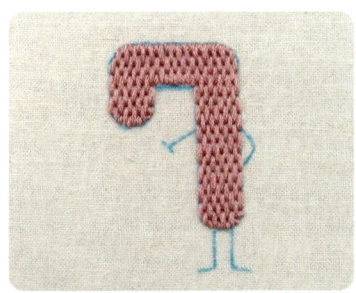

4 나머지 부분도 롱 앤 쇼트 스티치로 수놓습니다.

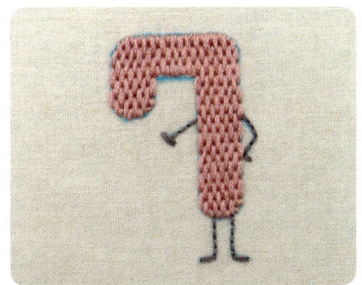

5 팔과 다리는 백 스티치, 손과 발은 스트레이트 스티치 두 땀으로 수놓습니다.

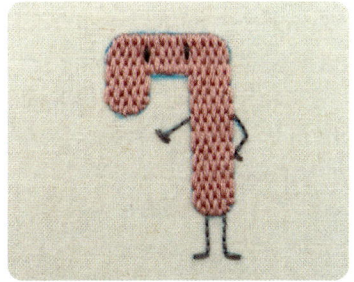

6 눈을 좌우대칭에 주의하며 스트레이트 스티치로 수놓아 숫자 7을 완성합니다.

즐거운 8

눈사람처럼 생긴 숫자 8은 하루하루가 행복한 친구랍니다. 오늘도 신나는 일이 있었나 봐요.
두 다리가 하늘에 닿도록 팔짝팔짝 뛰면서 즐거워하고 있어요.

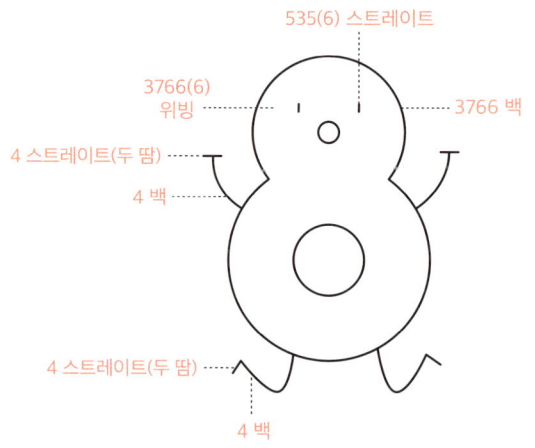

[원단]
11수 워싱 리넨(백아이보리)

[실]
DMC 25번사 4, 535, 3766

[스티치]
스트레이트 스티치, 백 스티치,
위빙 스티치

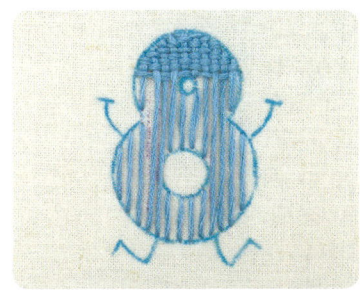

1 숫자 8에 균일하게 칸을 나눠 세로 기둥을 수놓은 후 위빙 스티치를 합니다.

2 면이 갈라지는 부분에서는 한쪽을 먼저 위빙 스티치로 수놓고 반대편도 동일한 가로줄로 수놓습니다.

3 면이 만나는 부분은 면의 끝에서 끝으로 1줄씩 위빙 스티치를 수놓습니다. 다시 갈라지는 부분은 한쪽씩 위빙 스티치를 합니다.

4 반대편도 동일한 가로줄로 위빙 스티치를 한 후 나머지 부분을 채웁니다.

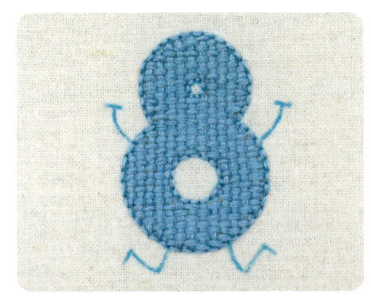

5 숫자 8의 테두리를 백 스티치로 수놓습니다.

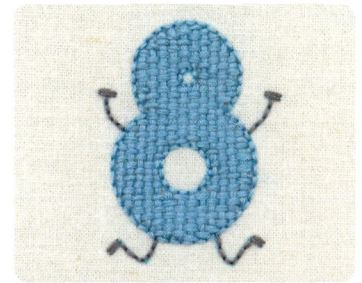

6 팔과 다리는 백 스티치, 손과 발은 스트레이트 스티치 두 땀으로 수놓습니다.

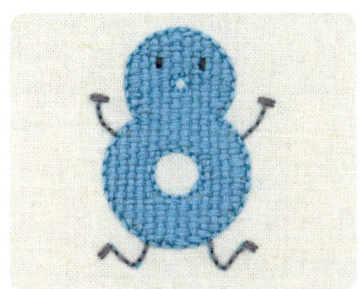

7 눈을 좌우대칭에 주의하며 스트레이트 스티치로 수놓아 숫자 8을 완성합니다.

마음씨 좋은 9

숫자 9는 친구들의 좋은 일을 자기 일처럼 기뻐하는 좋은 친구예요.
마음씨가 좋아서 친구도 많답니다. 오늘은 숫자 8과 함께 정다운 시간을 보내고 있네요.

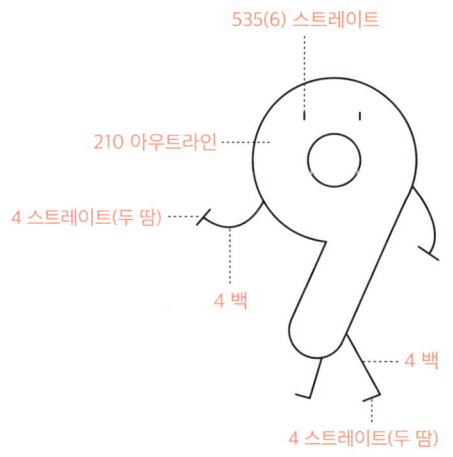

535(6) 스트레이트
210 아웃라인
4 스트레이트(두 땀)
4 백
4 백
4 스트레이트(두 땀)

[원단]
11수 워싱 리넨(백아이보리)

[실]
DMC 25번사 4, 210, 535

[스티치]
스트레이트 스티치, 백 스티치,
아웃라인 스티치

1 숫자 9의 테두리를 아웃라인 스티치로 수놓습니다.

2 보조선을 기준으로 아웃라인 스티치를 1줄씩 수놓습니다.

3 나머지 부분을 아웃라인 스티치로 채웁니다.

4 팔과 다리는 백 스티치, 손과 발은 스트레이트 스티치 두 땀으로 수놓습니다.

5 눈을 좌우대칭에 주의하며 스트레이트 스티치로 수놓아 숫자 9를 완성합니다.

한글책 기역 니은 디귿

아이가 한글에 흥미를 느낄 수 있도록 자음을 알록달록하게 수놓은 한글 책입니다.
각 자음으로 시작하는 단어도 함께 배울 수 있도록 작은 모티브들도 넣었어요.
마음에 드는 모티브는 아이 소품에 수놓아 활용해도 좋아요.
직접 만든 한글 책을 읽어 주며 아이와 도란도란 이야기를 나눠 보세요.

[재료] 각 책 페이지(212~241p)
[만드는 법] '책 만들기(30~31p)'를 참고해서 책을 완성합니다.

Tip

○ 삭품 순서는 아이가 책을 펼쳤을 때 나오는 페이지 순서와 같습니다.
○ 책을 만들 때는 아래 그림을 참고해 도안을 배치합니다.

	앞면			뒷면	
❶		표지	—	ㄱ	ㅎ
❷	ㅍ	ㄴ	—	ㄷ	ㅌ
❸	ㅋ	ㄹ	—	ㅁ	ㅊ
❹	ㅈ	ㅂ	—	ㅅ	ㅇ

한글을 따라 읽어요(표지)

아이가 처음 접하는 글자 세상입니다. 자음들이 재미나게 뛰어놀고 있어요.
아이와 함께 따라 읽으며 즐거운 한글 놀이를 해 보세요.

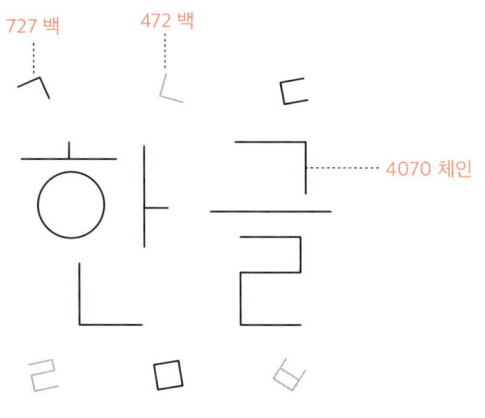

727 백   472 백   4070 체인

[원단]
오가닉 코튼(내추럴)

[실]
DMC 25번사 472, 727, 4070

[스티치]
백 스티치, 체인 스티치

※ 주변의 자음은 같은 색끼리 동일한 컬러와 스티치로 수놓습니다.

1 'ㅎ'을 체인 스티치로 수놓습니다.

2 'ㅏ'와 'ㄴ'을 체인 스티치로 수놓습니다.

3 '글'을 글씨 쓰는 방향으로 체인 스티치를 합니다.

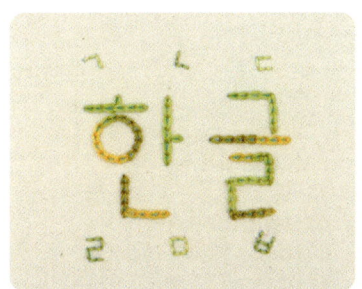

4 나머지 글자를 백 스티치로 수놓아 한글 책 표지를 완성합니다.

귀여운 곰돌이 기역

기역으로 시작하는 단어는 곰! 자전거를 타고 있는 곰돌이랍니다.
곰돌이가 어디로 가고 있을지 아이와 함께 추측해 보세요.

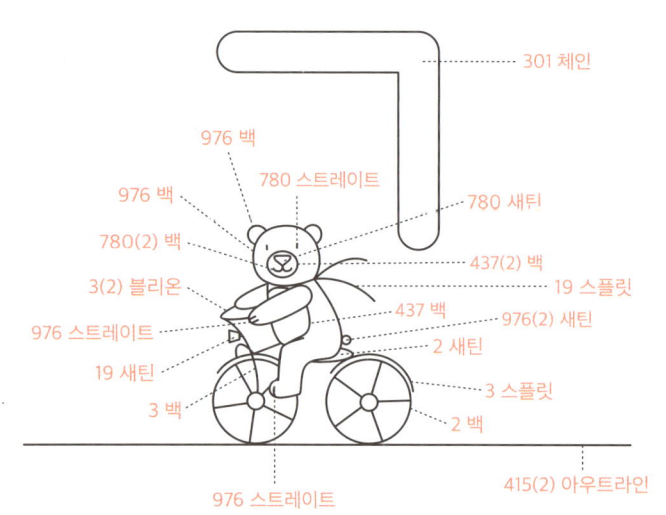

[원단]
오가닉 코튼(내추럴)

[실]
DMC 25번사 2, 3, 19, 301, 415,
437, 780, 976

[스티치]
스트레이트 스티치, 백 스티치,
아웃라인 스티치, 스플릿 스티치,
새틴 스티치, 체인 스티치, 블리온 스티치

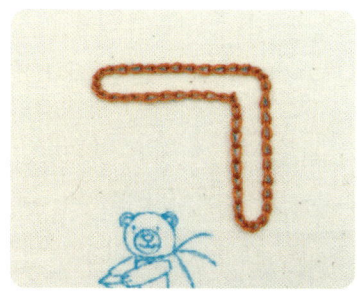
1 'ㄱ'의 테두리를 체인 스티치로 수놓습니다.

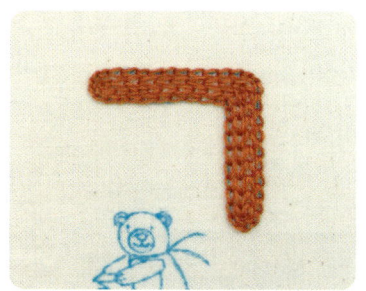
2 안쪽을 체인 스티치로 채웁니다.

3 곰의 테두리를 백 스티치로 수놓습니다. 코는 새틴 스티치, 입은 백 스티치로 만듭니다.

4 입 주변의 동그라미와 귀는 백 스티치, 눈은 스트레이트 스티치로 수놓습니다.

5 손과 발 끝은 스트레이트 스티치, 스카프는 스플릿 스티치로 수놓습니다.

6 자전거 바퀴는 백 스티치, 바퀴 윗부분은 스플릿 스티치, 안장은 새틴 스티치로 수놓습니다.

7 손잡이는 블리온 스티치로 수놓습니다. 한 땀 수놓아 블리온 스티치를 고정합니다.

8 자전거의 나머지 부분을 백 스티치로 수놓습니다.

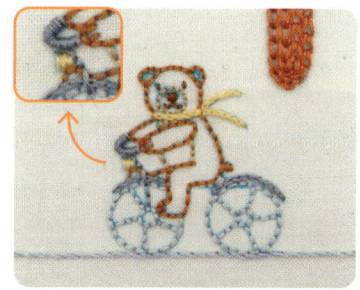
9 자전거 조명은 새틴 스티치, 길은 아웃라인 스티치로 수놓아 기역을 완성합니다.

나뭇잎이 살랑 **니은**

니은으로 시작하는 단어는 나뭇잎! 초록빛의 나뭇잎이 봄바람에 살랑
날리고 있어요. 따스한 봄날을 떠올리며 읽어 보세요.

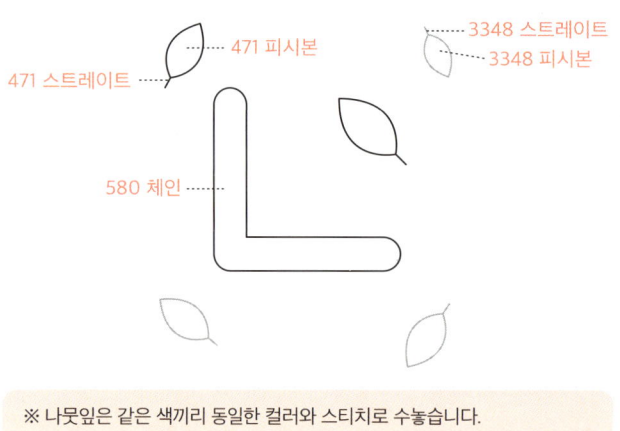

471 스트레이트
471 피시본
3348 스트레이트
3348 피시본
580 체인

[원단]
오가닉 코튼(내추럴)

[실]
DMC 25번사 471, 580, 3348

[스티치]
스트레이트 스티치, 피시본 스티치,
체인 스티치

※ 나뭇잎은 같은 색끼리 동일한 컬러와 스티치로 수놓습니다.

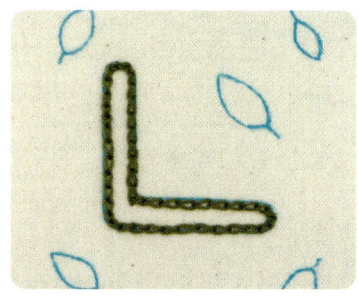

1 'ㄴ'의 테두리를 체인 스티치로 수놓습니다.

2 안쪽을 체인 스티치로 채웁니다.

3 잎은 피시본 스티치, 잎자루는 스트레이트 스티치로 수놓습니다.

4 나머지 나뭇잎을 동일한 방법으로 수놓아 니은을 완성합니다.

주황색 당근 디귿

디귿으로 시작하는 단어는 당근! 주황색 당근을 짚어 가며 디귿을 익히다 보면
아이가 채소와 친해질 수 있을 거예요.

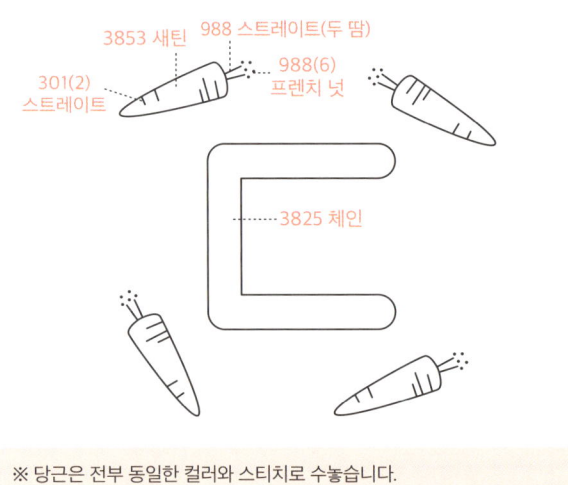

3853 새틴 988 스트레이트(두 땀)
301(2) 스트레이트 988(6) 프렌치 넛
3825 체인

[원단]
오가닉 코튼(내추럴)

[실]
DMC 25번사 301, 988, 3825, 3853

[스티치]
스트레이트 스티치, 프렌치 넛 스티치,
새틴 스티치, 체인 스티치

※ 당근은 전부 동일한 컬러와 스티치로 수놓습니다.

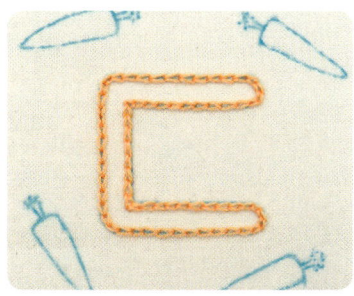

1 'ㄷ'의 테두리를 체인 스티치로 수놓습니다.

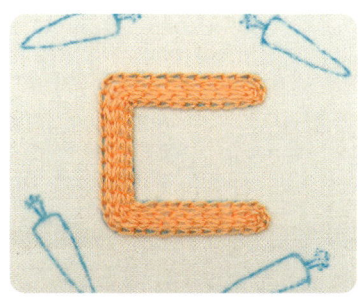

2 안쪽을 체인 스티치로 채웁니다.

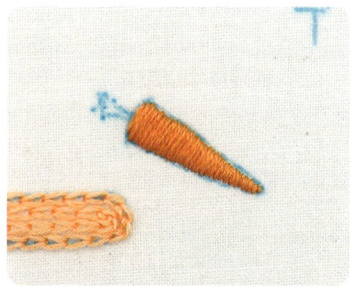

3 당근을 새틴 스티치로 수놓습니다.

4 줄기는 스트레이트 스티치 두 땀으로 수놓습니다. 줄기 끝 가운데에 프렌치 넛 스티치를 수놓습니다.

5 4의 프렌치 넛 스티치를 감싸듯이 프렌치 넛 스티치를 하나씩 수놓습니다.

6 당근의 무늬를 스트레이트 스티치로 1줄씩 수놓습니다.

7 나머지 당근도 동일한 방법으로 수놓아 디근을 완성합니다

리본을 묶어요 **리을**

리을로 시작하는 단어는 리본! 리을에 귀여운 리본을 달아서 포인트를 줬어요.
번들 스티치 하나만으로 예쁜 리본을 수놓을 수 있어요.

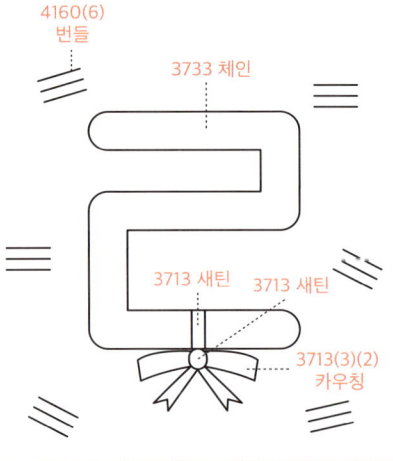

[원단]
오가닉 코튼(내추럴)

[실]
DMC 25번사 3713, 3733, 4160

[스티치]
새틴 스티치, 카우칭 스티치,
체인 스티치, 번들 스티치

※ 주변의 리본은 전부 동일한 컬러와 스티치로 수놓습니다.

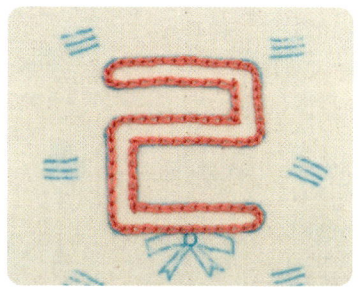

1 'ㄹ'의 테두리를 체인 스티치로 수놓습니다.

2 안쪽을 체인 스티치로 채웁니다.

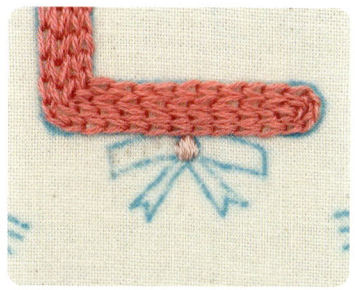

3 리본의 매듭을 세로 방향 새틴 스티치로 수놓습니다.

4 리본의 테두리를 카우칭 스티치로 수놓습니다.

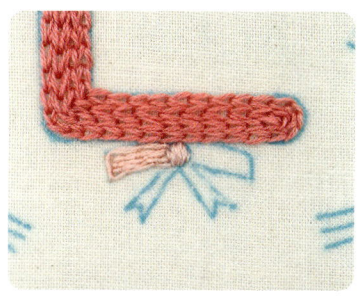

5 안쪽을 카우칭 스티치로 채웁니다.

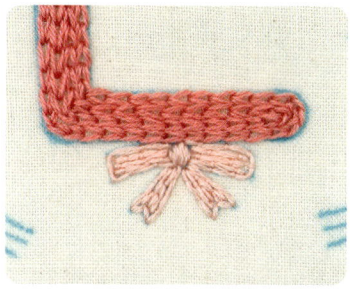

6 나머지 부분도 동일한 방법으로 수놓습니다.

7 주변의 리본을 번들 스티치로 수놓습니다.

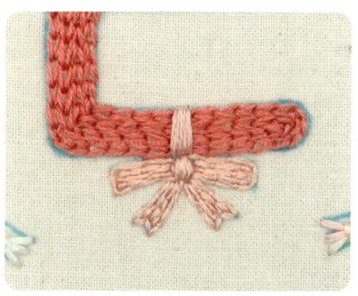

8 리본 끈을 새틴 스티치로 수놓아 리을을 완성합니다.

모자를 써요 미음

미음으로 시작하는 단어는 모자! 더운 여름에 밀짚모자를 쓰면
뜨거운 태양을 막을 수 있지요. 아이에게 모자를 씌우고 미음을 익혀요.

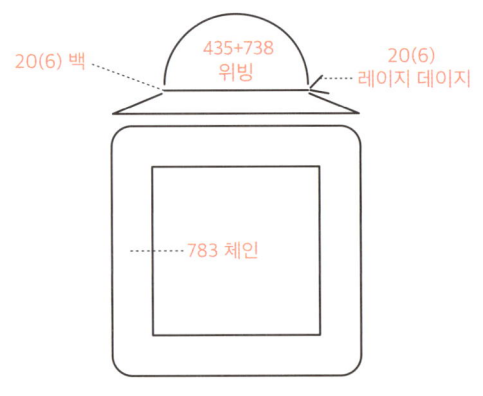

[원단]
오가닉 코튼(내추럴)

[실]
DMC 25번사 20, 435, 738, 783

[스티치]
백 스티치, 레이지 데이지 스티치,
체인 스티치, 위빙 스티치

※ 모자 속의 '435+738 위빙'은 435(3)과 738(3)을 합친 6올로
위빙 스티치를 수놓으라는 의미입니다.

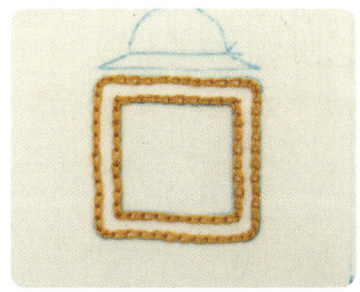
1 '口'의 테두리를 체인 스티치로 수놓습니다.

2 안쪽을 체인 스티치로 채웁니다.

3 모자 윗부분에 균일하게 칸을 나눠 기둥을 그립니다.

4 **3**을 기준으로 위빙 스티치를 수놓습니다.

5 모자의 챙에 균일하게 칸을 나눠 기둥을 수놓습니다.

6 **5**를 기준으로 위빙 스티치를 수놓습니다.

7 모자의 리본을 백 스티치와 레이지 데이지 스티치로 수놓아 미음을 완성합니다.

노란색 바나나 비읍

비읍으로 시작하는 단어는 바나나! 샛노란 것을 보니 맛있게 익었네요.
통통해서 더 귀여운 바나나입니다. 누가 먹을까 봐 비읍 사이에 몰래 숨겨두었어요.

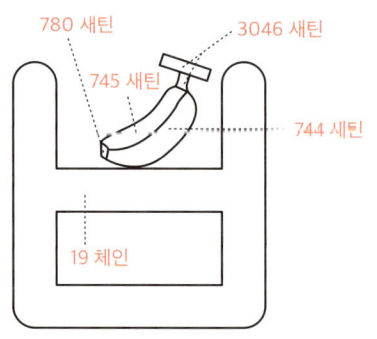

[원단]
오가닉 코튼(내추럴)

[실]
DMC 25번사 19, 744, 745, 780, 3046

[스티치]
새틴 스티치, 체인 스티치

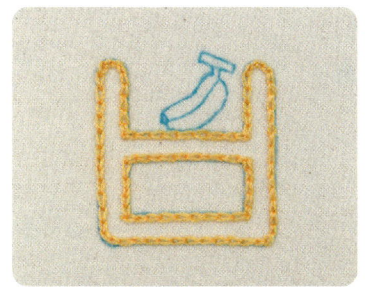

1 'ㅂ'의 테두리를 체인 스티치로 수놓습니다.

2 안쪽을 체인 스티치로 채웁니다.

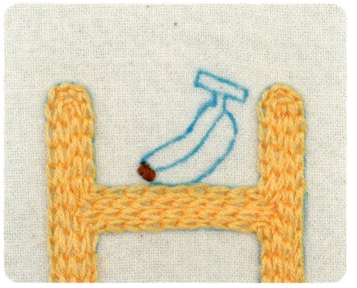

3 바나나의 끝부분을 세로 방향 새틴 스티치로 수놓습니다.

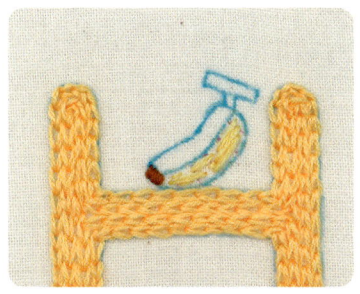

4 바나나 한쪽 면은 도안보다 작게 여러 땀을 수놓습니다.

5 **4**를 덮으며 세로 방향으로 새틴 스티치를 합니다.

6 바나나의 다른 면은 **4**의 과정 없이 바로 새틴 스티치로 채웁니다.

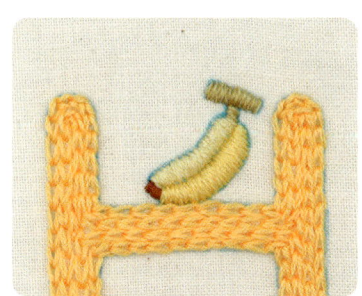

7 꼭지를 새틴 스티치로 수놓아 비읍을 완성합니다.

시원한 수박 **시옷**

시옷으로 시작하는 단어는 수박! 맛있고 시원한 수박이 빨갛게 익었네요.
잘 익은 수박을 두드리면 통통 소리가 나요.

988 체인
939(2) 스트레이트
350 스플릿
367(2) 체인
581 새틴
581 백
939 스플릿
905 스플릿

※ 수박은 전부 동일한 컬러와 스티치로 수놓습니다.

[원단]
오가닉 코튼(내추럴)

[실]
DMC 25번사 350, 367, 581, 905, 939, 988

[스티치]
스트레이트 스티치, 백 스티치,
스플릿 스티치, 새틴 스티치, 체인 스티치

1 'ㅅ'의 테두리를 체인 스티치로 수놓습니다.

2 안쪽을 체인 스티치로 채웁니다.

3 수박의 줄무늬를 스플릿 스티치로 수놓습니다.

4 나머지 부분을 스플릿 스티치로 채웁니다.

5 줄기는 백 스티치, 잎은 새틴 스티치로 수놓습니다. 이때, 잎을 반으로 나눠 한쪽씩 수놓아 채웁니다.

6 수박을 스플릿 스티치로 채웁니다.

7 수박의 껍데기를 체인 스티치로 채웁니다. 씨는 스트레이트 스티치로 한 땀씩 수놓습니다.

8 나머지 수박도 동일한 방법으로 수놓아 시옷을 완성합니다.

비 오는 날은 우산 이응

이응으로 시작하는 단어는 우산! 비가 오는 날이면 우산을 써요.
빗줄기를 막아 주는 우산처럼 아이에게 든든한 엄마가 되어 주세요.

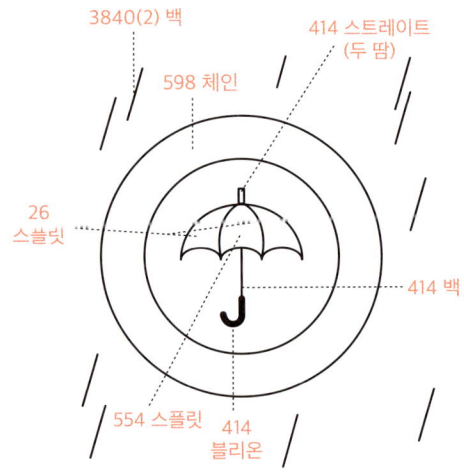

[원단]
오가닉 코튼(내추럴)

[실]
DMC 25번사 26, 414, 554, 598, 3840

[스티치]
스트레이트 스티치, 백 스티치,
스플릿 스티치, 체인 스티치,
블리온 스티치

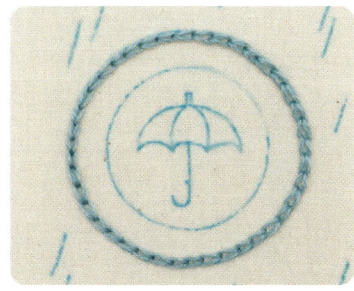

1 'ㅇ'의 바깥쪽 테두리를 체인 스티치로 수놓습니다.

2 'ㅇ'을 테두리 부분부터 1줄씩 채웁니다.

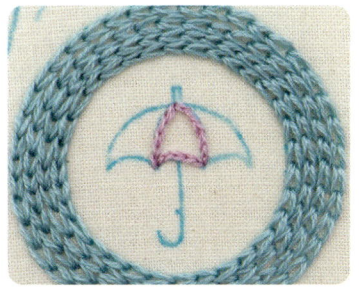

3 우산 중앙 면의 테두리를 스플릿 스티치로 수놓습니다.

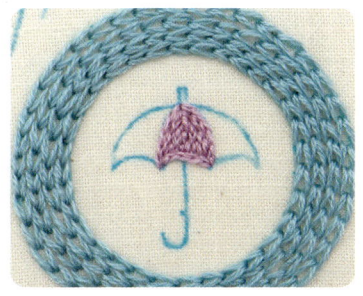

4 안쪽을 스플릿 스티치로 채웁니다.

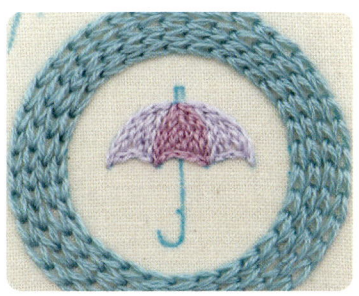

5 나머지 면도 동일한 방법으로 수놓습니다.

6 우산대는 백 스티치, 우산 꼭지는 스트레이트 스티치 두 땀으로 수놓습니다.

7 손잡이는 블리온 스티치로 수놓습니다. 한 땀 수놓아 블리온 스티치를 고정합니다.

8 빗줄기를 백 스티치로 수놓아 이응을 완성합니다.

붕붕 자동차 지읒

지읒으로 시작하는 단어는 자동차! 도로를 붕붕 달리는 멋진 자동차입니다.
아이가 자동차에 푹 빠져 있다면 아이가 사용하는 소품에 수놓아 주서도 좋아요.

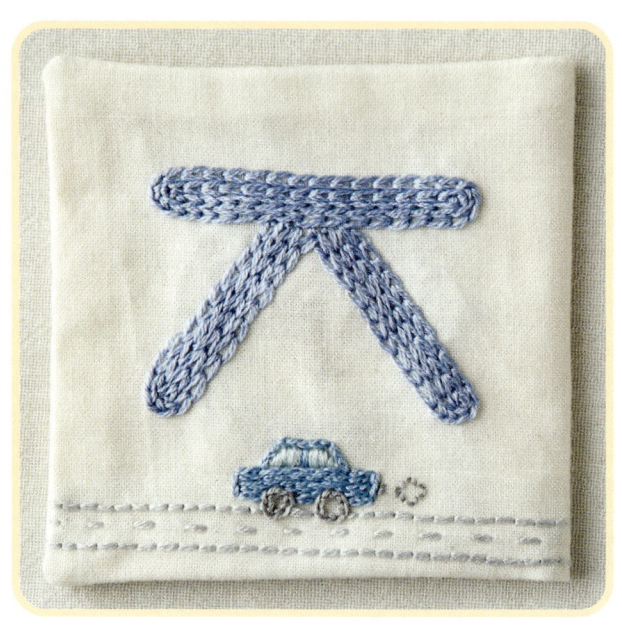

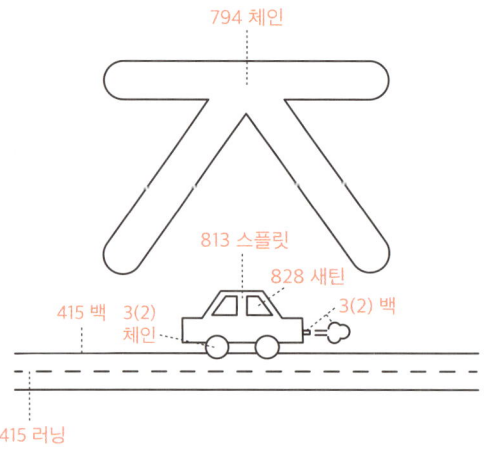

[원단]
오가닉 코튼(내추럴)

[실]
DMC 25번사 3, 415, 794, 813, 828

[스티치]
러닝 스티치, 백 스티치, 스플릿 스티치,
새틴 스티치, 체인 스티치

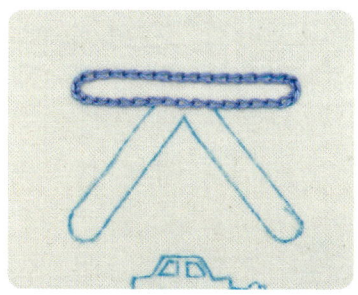 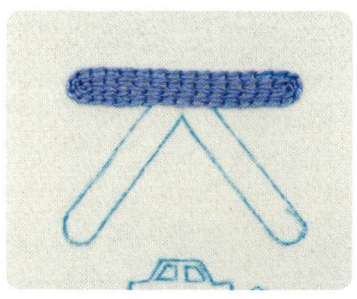 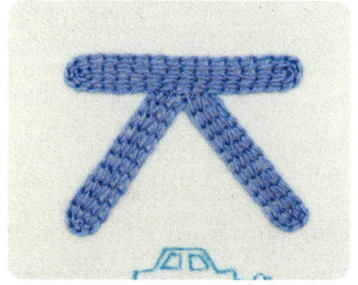

1 'ㅈ'의 윗부분 테두리를 체인 스티치로 수놓습니다.

2 안쪽을 체인 스티치로 채웁니다.

3 나머지 부분도 동일한 방법으로 수놓습니다.

  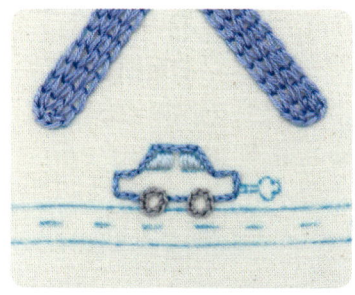

4 자동차의 유리를 세로 방향 새틴 스티치로 수놓습니다.

5 바퀴를 체인 스티치로 동그랗게 수놓습니다.

6 자동차의 테두리를 스플릿 스티치로 수놓습니다.

  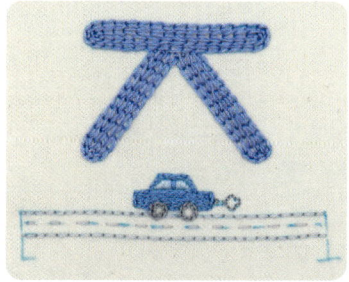

7 안쪽을 스플릿 스티치로 채웁니다.

8 배기구와 매연을 백 스티치로 수놓습니다.

9 도로는 백 스티치, 중앙선은 러닝 스티치로 수놓아 지읒을 완성합니다.

달콤한 체리 **치읓**

치읓으로 시작하는 단어는 체리! 빨갛고 동그래서 앙증맞은 체리랍니다.
아이의 머리핀에 수놓으면 더 사랑스러워요.

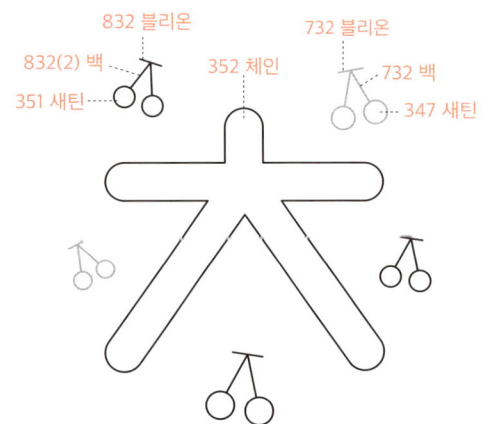

[원단]
오가닉 코튼(내추럴)

[실]
DMC 25번사 347, 351, 352, 732, 832

[스티치]
백 스티치, 새틴 스티치, 체인 스티치,
블리온 스티치

※ 체리는 같은 색끼리 동일한 컬러와 스티치로 수놓습니다.

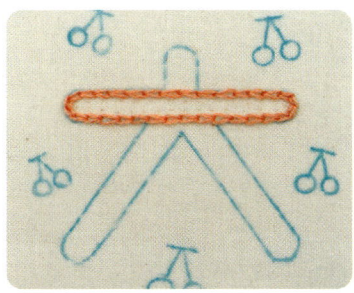

1 '치'의 윗부분 테두리를 체인 스티치로 수놓습니다.

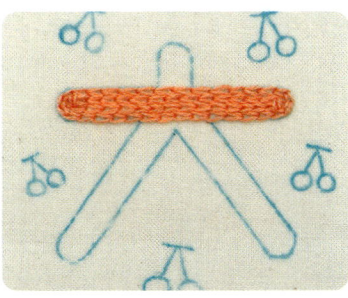

2 안쪽을 체인 스티치로 채웁니다.

3 나머지 부분도 동일한 방법으로 수놓습니다.

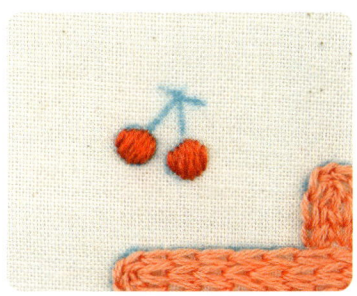

4 체리 열매를 새틴 스티치로 수놓습니다.

5 줄기를 백 스티치로 수놓습니다.

6 두꺼운 줄기를 블리온 스티치로 수놓습니다.

7 나머지 체리도 동일한 방법으로 수놓아 치읓을 완성합니다.

코끼리의 산책 **키읔**

키읔으로 시작하는 단어는 코끼리! 엄마 코끼리와 아기 코끼리가 함께 산책하고 있어요. 아기 코끼리가 엄마를 놓칠세라 코로 엄마의 꼬리를 잡고 있어요.

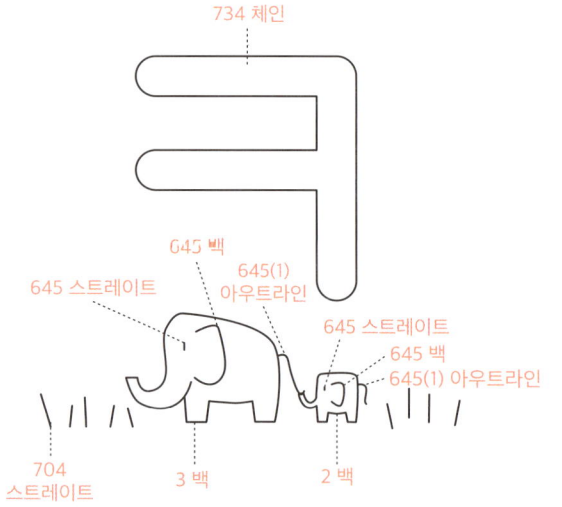

[원단]
오가닉 코튼(내추럴)

[실]
DMC 25번사 2, 3, 645, 704, 734

[스티치]
스트레이트 스티치, 백 스티치,
아웃라인 스티치, 체인 스티치

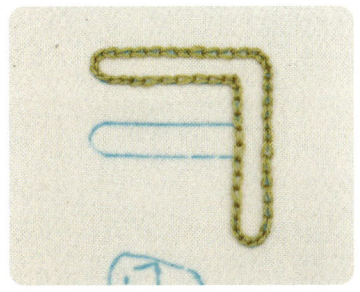

1 'ㅋ'에서 'ㄱ' 부분의 테두리를 체인 스티치로 수놓습니다.

2 안쪽을 체인 스티치로 채웁니다.

3 나머지 부분도 동일한 방법으로 수놓습니다.

4 엄마 코끼리의 테두리를 백 스티치로 수놓습니다.

5 눈은 스트레이트 스티치, 귀는 백 스티치로 수놓습니다.

6 꼬리를 아웃라인 스티치로 수놓습니다.

7 아기 코끼리의 테두리를 백 스티치로 수놓습니다.

8 눈은 스트레이트 스티치, 귀는 백 스티치, 꼬리는 아웃라인 스티치로 수놓습니다.

9 풀을 스트레이트 스티치로 수놓아 키읔을 완성합니다.

튤립이 피었어요 티읕

티읕으로 시작하는 단어는 튤립! 부드러운 색감의 튤립이 하늘하늘 예쁘게 피었어요.
아이와 함께 꽃 이름을 대면 어느덧 꽃밭에 온 기분이 들 거예요.

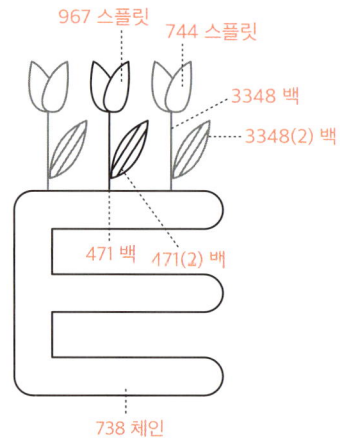

967 스플릿
744 스플릿
3348 백
3348(2) 백
471 백
471(2) 백
738 체인

[원단]
오가닉 코튼(내추럴)

[실]
DMC 25번사 471, 738, 744, 967, 3348

[스티치]
백 스티치, 스플릿 스티치, 체인 스티치

※ 튤립은 같은 색끼리 동일한 컬러와 스티치로 수놓습니다.

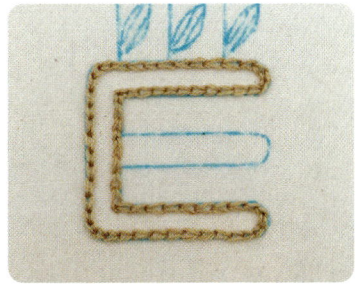
1 'ㅌ'에서 'ㄷ'부분의 테두리를 체인 스티치로 수놓습니다.

2 안쪽을 체인 스티치로 채웁니다.

3 나머지 부분을 동일한 방법으로 수놓습니다.

4 꽃잎의 테두리를 스플릿 스티치로 수놓습니다.

5 안쪽을 스플릿 스티치로 채웁니다.

6 나머지 꽃잎도 동일한 방법으로 수놓습니다.

7 줄기와 잎을 백 스티치로 수놓습니다.

8 나머지 꽃도 동일한 방법으로 수놓아 티읕을 완성합니다.

풍선이 둥실 **피읖**

피읖으로 시작하는 단어는 풍선! 솜사탕을 닮은 풍선들이 둥실둥실 떠다니고 있어요.
풍선처럼 부푼 마음으로 아이와 만나기까지 남은 날을 헤아려 보세요.

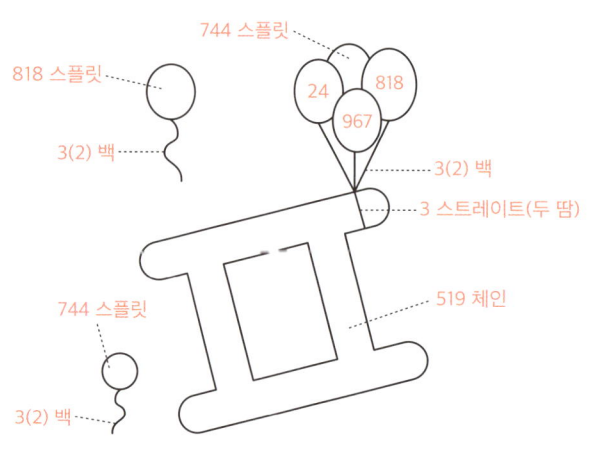

[원단]
오가닉 코튼(내추럴)

[실]
DMC 25번사 3, 24, 519, 744, 818, 967

[스티치]
스트레이트 스티치, 백 스티치, 스플릿 스티치, 체인 스티치

※ 풍선은 전부 스플릿 스티치로 수놓습니다.

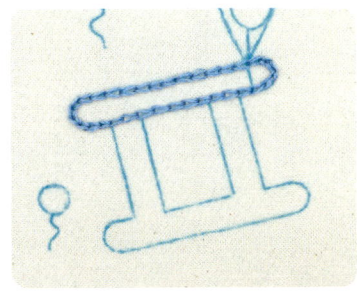
1 'ㅍ'의 윗부분 테두리를 체인 스티치로 수놓습니다.

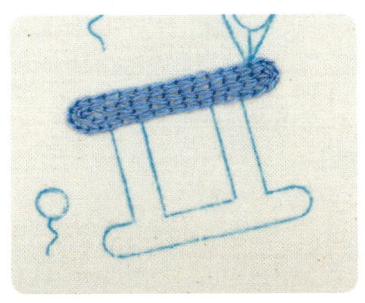
2 안쪽을 체인 스티치로 채웁니다.

3 나머지 부분도 동일한 방법으로 수놓습니다.

4 풍선의 테두리를 스플릿 스티치로 수놓습니다.

5 안쪽을 스플릿 스티치로 동그랗게 채웁니다.

6 양쪽의 풍선도 동일한 방법으로 수놓습니다. 풍선의 끈을 백 스티치로 수놓습니다.

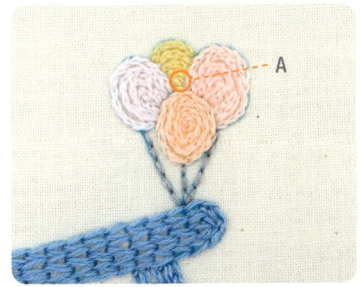
7 나머지 풍선도 스플릿 스티치로 채웁니다. 이때, 하단의 좁은 부분은(A) 새틴 스티치로 채웁니다.

8 묶인 끈을 스트레이트 스티치로 수놓습니다.

9 나머지 풍선을 **4~6**과 동일한 방법으로 수놓아 피읖을 완성합니다.

한글을 익혀요 **히읗**

히읗으로 시작하는 단어는 한글! 지금까지 배운 자음을 아이와 손으로 따라 그리며 읽어 보세요.
낯설었던 한글이 조금이나마 친숙하게 느껴질 거예요.

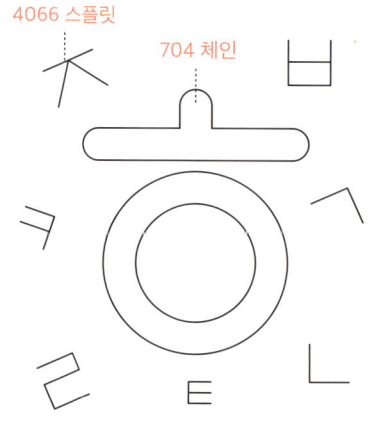

4066 스플릿
704 체인

[원단]
오가닉 코튼(내추럴)

[실]
DMC 25번사 704, 4066

[스티치]
스플릿 스티치, 체인 스티치

※ 주변의 자음은 전부 동일한 컬러와 스티치로 수놓습니다.

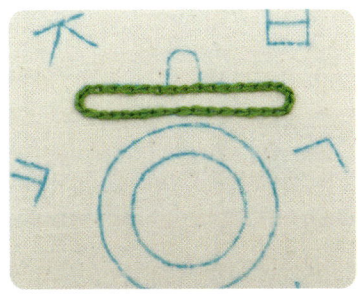

1 'ㅎ'의 윗부분 테두리를 체인 스티치로 수놓습니다.

2 안쪽을 체인 스티치로 채웁니다.

3 나머지 부분도 동일한 방법으로 수놓습니다.

4 'ㅈ'을 글씨 쓰는 방향으로 스플릿 스티치를 합니다.

5 나머지 글자도 글씨 쓰는 방향으로 수놓아 히읗을 완성합니다.

영어 이니셜 수놓기

아이가 사용할 소품에 우리 아이의 이니셜을 수놓아 보세요.

아직 이름을 정하지 않았다면 태명도 좋아요.

이니셜 자수는 글씨 쓰는 방향으로 수놓으면 됩니다.

여기서는 다소 까다로울 수 있는

대문자 A, 대문자 Q, 소문자 g의 수놓는 방법을 알려드릴게요.

[원단]
11수 워싱 리넨(백아이보리)

[실]
DMC 25번사 19, 352, 471, 760, 794

[스티치]
러닝 스티치, 백 스티치

ABCDEFG
HIJKLM
NOPQRST
UVWXYZ

760

794

———————————————————————— 19 러닝

abcdefg
hijklm
nopqrst
uvwxyz

352

471

※ 실의 색상 번호만 있는 부분은 전부 3올 백 스티치입니다.

대문자 A

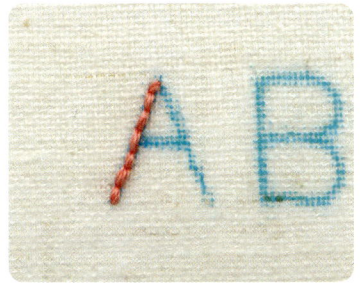  

1 맨 위 시작점에서 백 스티치를 시작합니다. 왼쪽 선을 수놓습니다.
2 다시 시작점으로 돌아와 반대편 선을 백 스티치로 수놓습니다.
3 가운데 선을 백 스티치로 채워 대문자 A를 완성합니다.

대문자 Q

1 A에서 백 스티치를 시작합니다.
2 동그라미를 수놓습니다.
3 수놓인 부분에 주의하며 직선을 수놓아 대문자 Q를 완성합니다.

소문자 g

 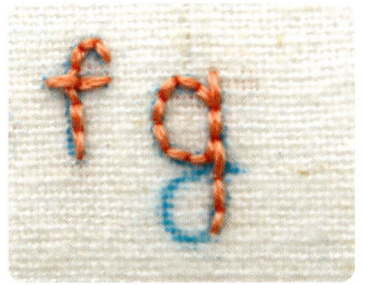 

1 글씨 쓰는 방향으로 곡선을 수놓습니다.
2 맨 위부터 수놓아 내려갑니다.
3 곡선을 수놓아 소문자 g를 완성합니다.

Stitch index

책 속에 나오는 20가지 스티치를 쉽게 찾아볼 수 있도록 마련한 페이지입니다. 각 스티치의 완성 모습을 한눈에 확인할 수 있고, QR코드를 통해 해당 스티치의 수놓는 방법을 동영상으로도 볼 수 있답니다. 수놓는 과정을 다시 글과 사진으로 천천히 복습해 보고 싶은 분을 위해 수록 페이지도 표시했어요.

스트레이트 스티치 ● 다시 보기 34p

러닝 스티치 ● 다시 보기 35p

백 스티치 ● 다시 보기 36p

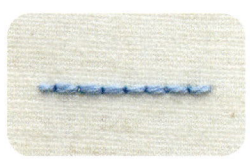 

아우트라인 스티치 ● 다시 보기 37p

레이지 데이지 스티치 ● 다시 보기 39p

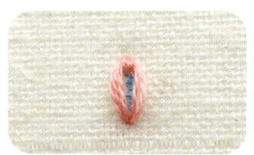 

레이지 데이지+스트레이트 스티치 ● 다시 보기 40p

프렌치 넛 스티치 ● 다시 보기 41p

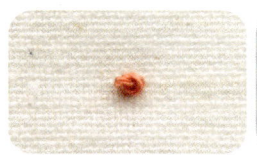 

링 스티치 ● 다시 보기 42p

스플릿 스티치 • 다시 보기 43p

새틴 스티치 • 다시 보기 44p

카우칭 스티치 • 다시 보기 47p

피시본 스티치 • 다시 보기 48p

체인 스티치 • 다시 보기 49p

서클 버튼홀 스티치 • 다시 보기 51p

번들 스티치 • 다시 보기 52p

블리온 스티치 • 다시 보기 53p

스파이더 웹 로즈 스티치 • 다시 보기 54p

롱 앤 쇼트 스티치 • 다시 보기 55p

위빙 스티치 • 다시 보기 57p

실론 스티치 • 다시 보기 58p

엄마의
첫 태교 자수

초판 1쇄 발행 2020년 12월 10일

지은이 강미연
펴낸이 김영조
콘텐츠기획팀 권지숙, 김은정, 김희현
액티비티북팀 박유경, 장윤선
디자인팀 왕윤경
마케팅팀 이유섭, 박혜린
경영지원팀 정은진
외부스태프 사진촬영 15스튜디오(이현실)
펴낸곳 싸이프레스
주소 서울시 마포구 양화로7길 44, 3층
전화 (02)335-0385/0399
팩스 (02)335-0397
이메일 cypressbook1@naver.com
홈페이지 www.cypressbook.co.kr
블로그 blog.naver.com/cypressbook1
포스트 post.naver.com/cypressbook1
인스타그램 싸이프레스 @cypress_book
　　　　　스티커 아트북 @cypress_stickerartbook
출판등록 2009년 11월 3일 제2010-000105호

ISBN 979-11-6032-110-4　13630

- 이 책은 저작권법에 따라 보호를 받는 저작물이므로 무단 전재 및 무단 복제를 금합니다.
  (2차 수정, 도용, 상업적 용도, 수업 용도의 사용을 금합니다.)
- 책값은 뒤표지에 있습니다.
- 파본은 구입하신 곳에서 교환해 드립니다.
- 싸이프레스는 여러분의 소중한 원고를 기다립니다.

이 도서의 국립중앙도서관 출판예정도서목록(CIP)은 서지정보유통지원시스템 홈페이지(http://seoji.nl.go.kr)와 국가자료종합목록 구축시스템(http://kolis-net.nl.go.kr)에서 이용하실 수 있습니다. (CIP제어번호:CIP2020045567)

실물 도안집

──────── 자르는 선
─ ─ ─ ─ ─ 박음질(백 스티치)
──────── 창구멍

띠

쥐 64p 소 66p 호랑이 68p 토끼 70p

용 72p 뱀 74p 말 76p 양 78p

원숭이 80p 닭 82p 개 84p 돼지 86p

백 스티치로 수놓기 88p

손 & 발싸개

젤리 가득 발바닥 손싸개
94p

토끼 어린이 손싸개
96p

호랑이 어린이 손싸개
98p

콩콩 병아리 발싸개
100p

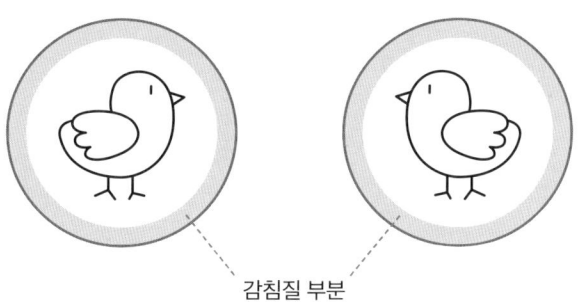

감침질 부분

꽃길만 걸어요 발싸개
102p

턱받이 & 옷

꼬마 요리사 턱받이
106p

엄마 곰과 아기 곰 턱받이
110p

허그 토끼 배냇저고리
113p

돌잡이

국가 대표 선수의 축구공
118p

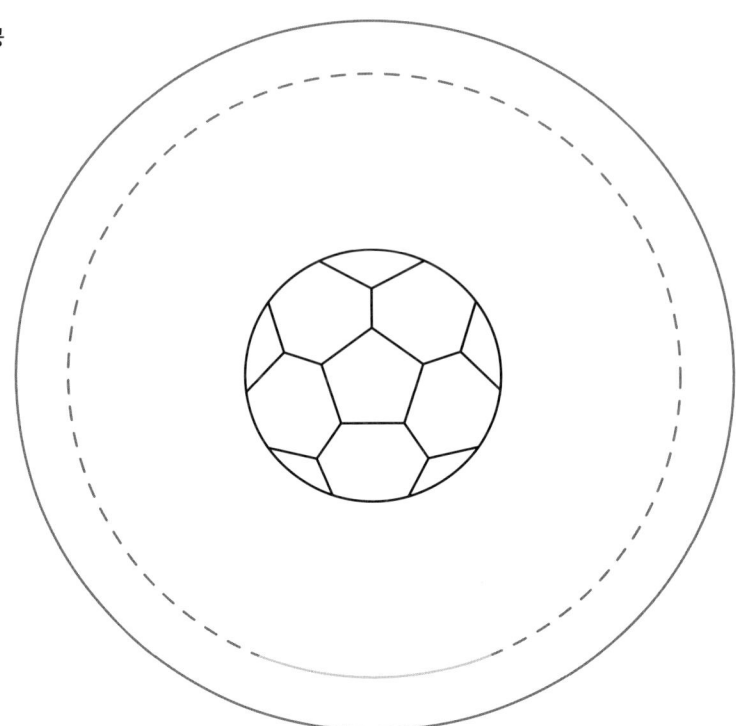

세상을 발전시키는 연필
120p

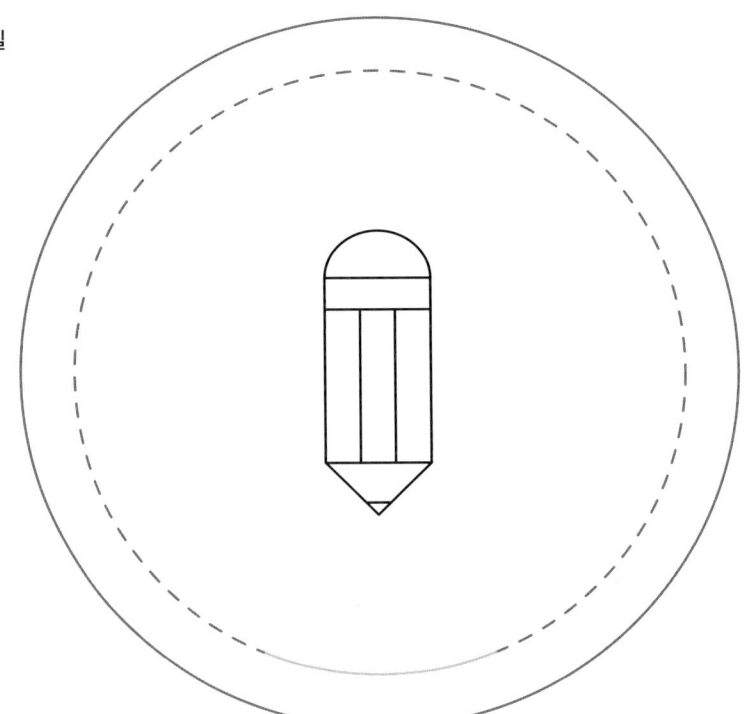

정의를 실현하는 판사봉
122p

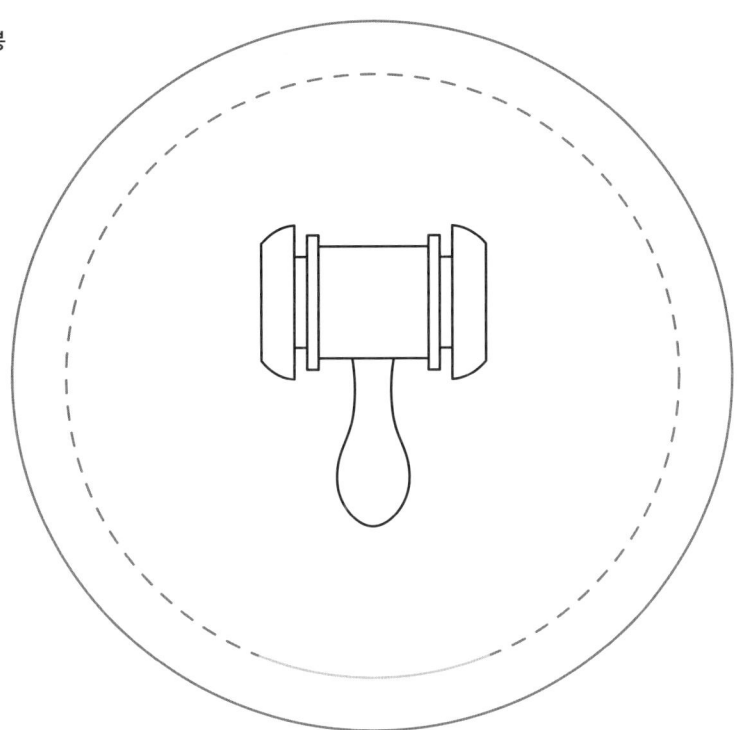

시대를 이끄는 마우스
124p

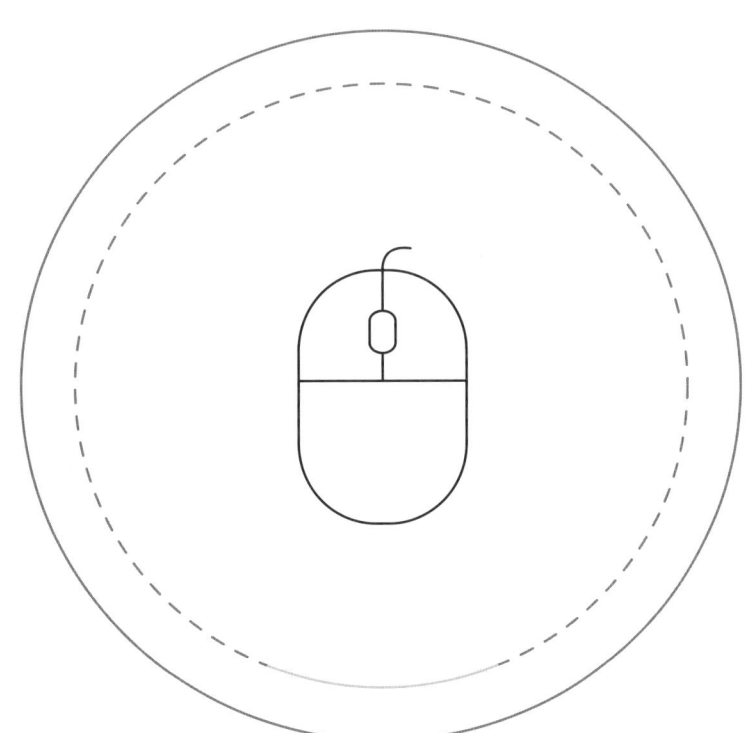

생명을 살리는 청진기
126p

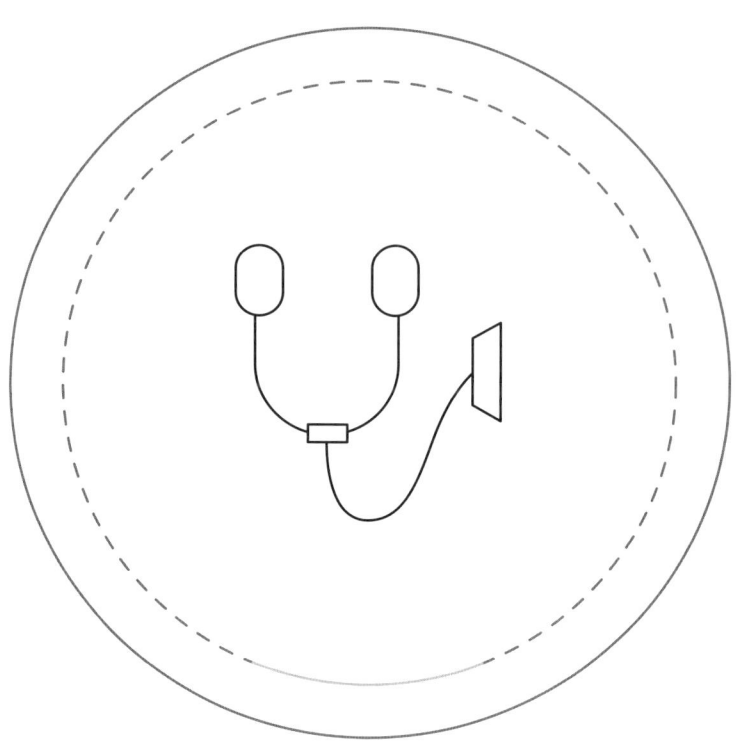

전 세계를 누비는 비행기
128p

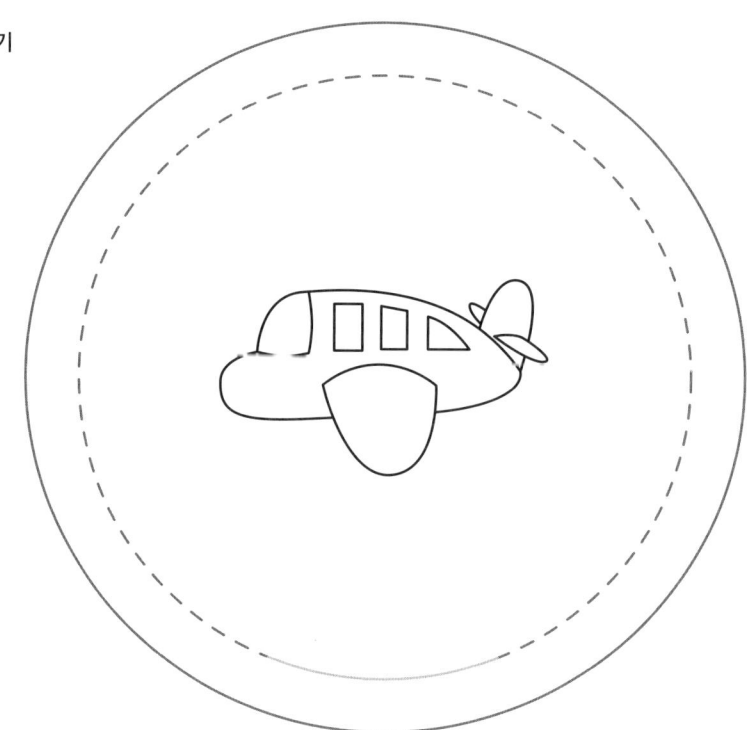

모두의 사랑을 받는 마이크
130p

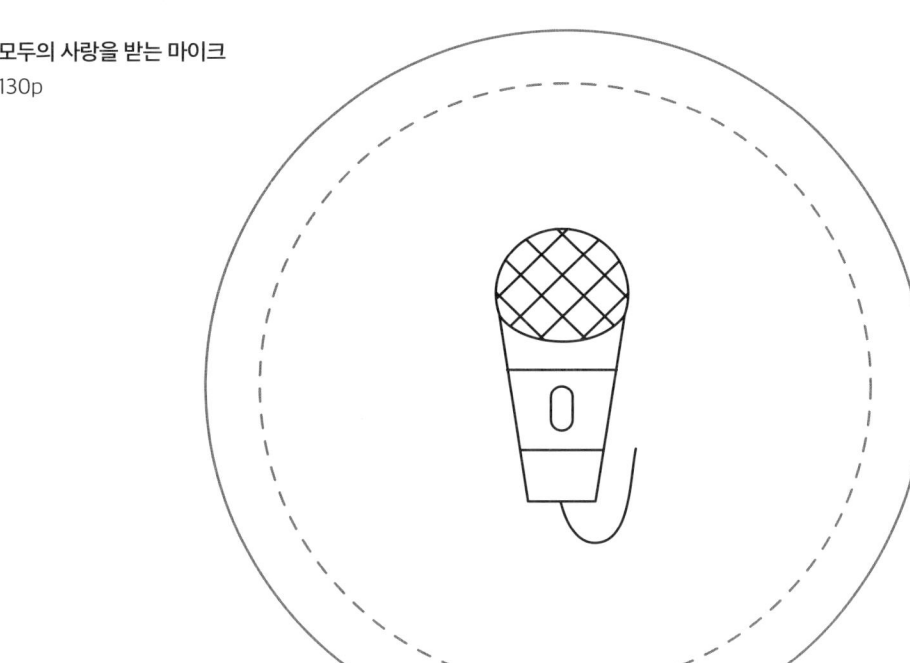

행복한 무병장수 실타래
132p

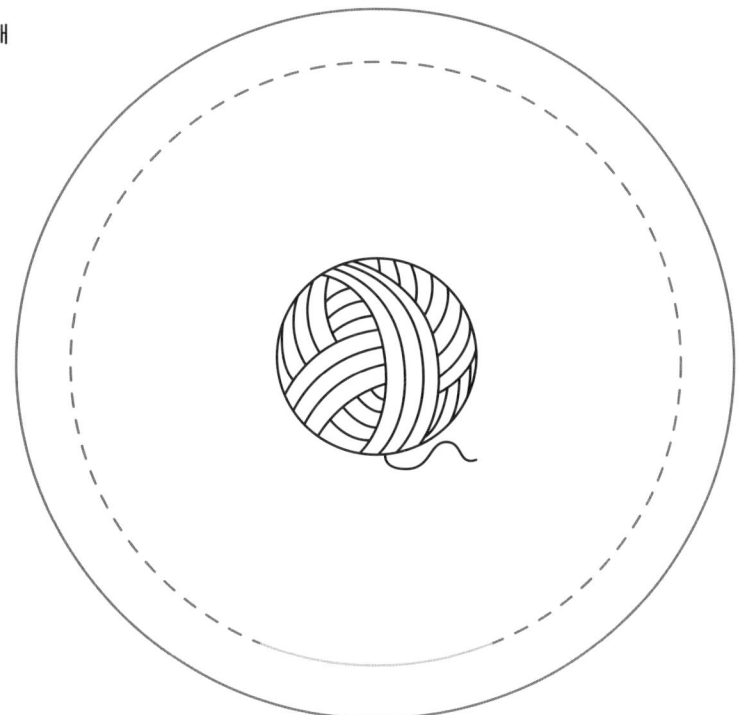

인형

사랑 가득 러브 베어
136p

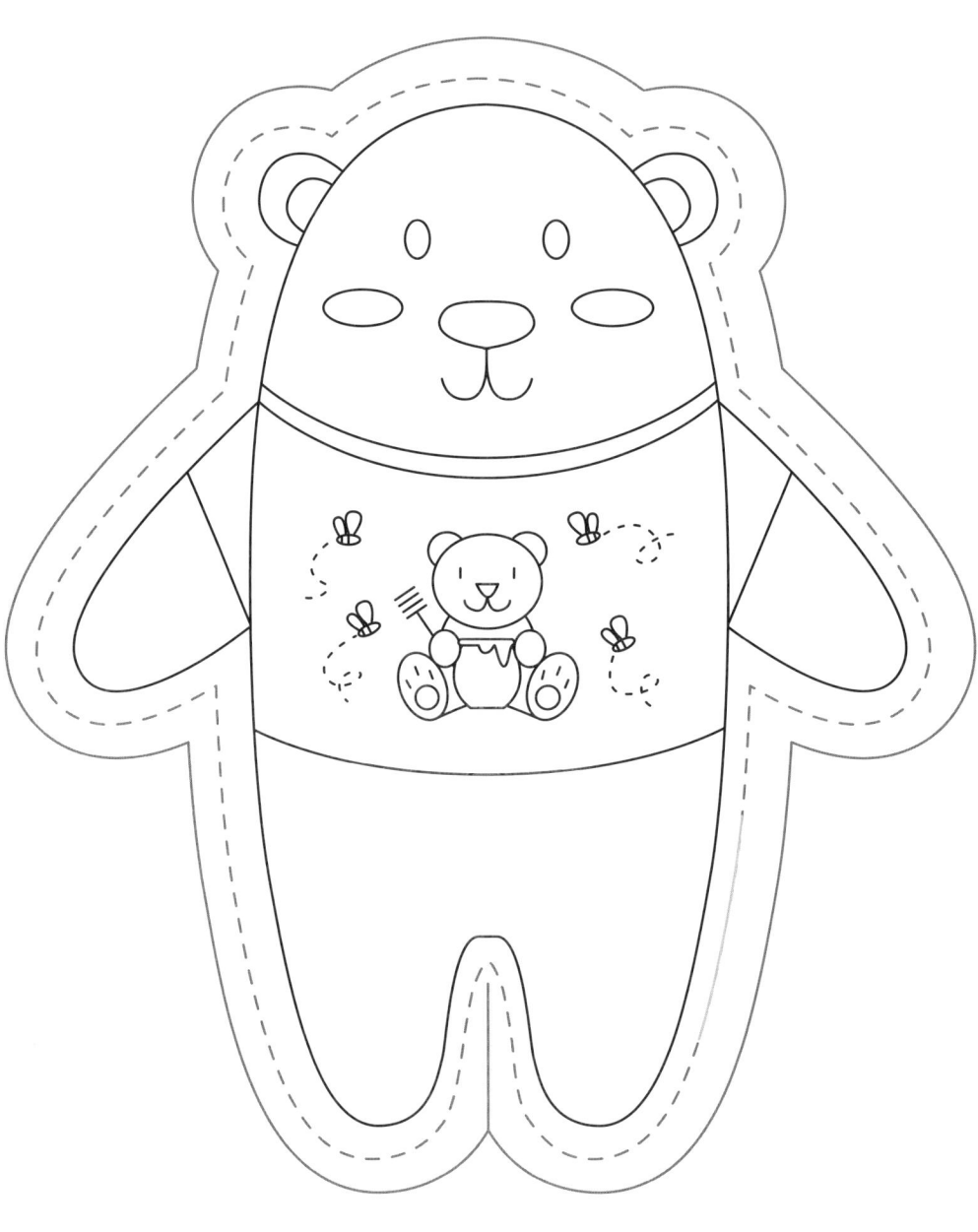

[앞]

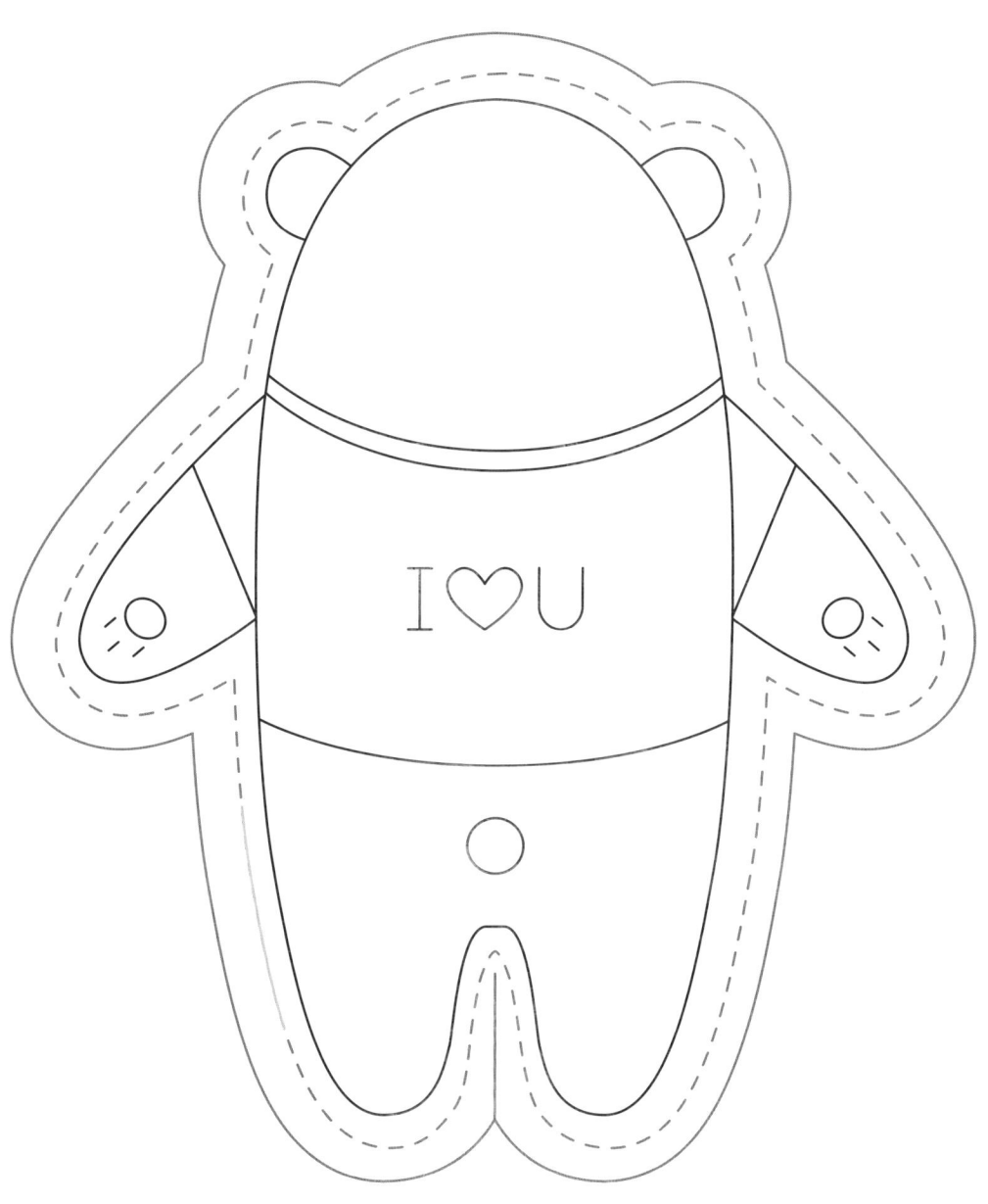

[뒤]

애정 듬뿍 러브 래빗
142p

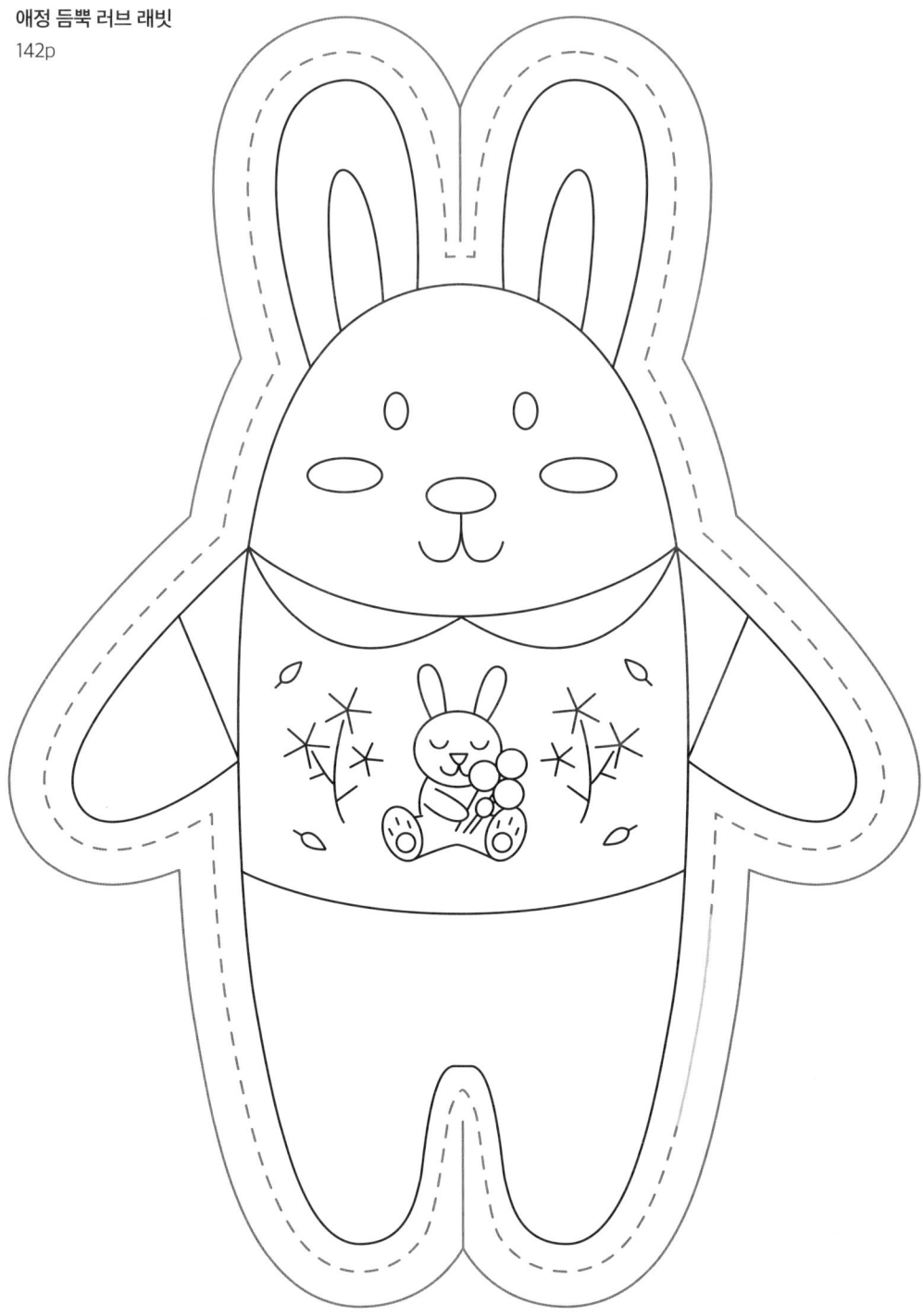

[앞]

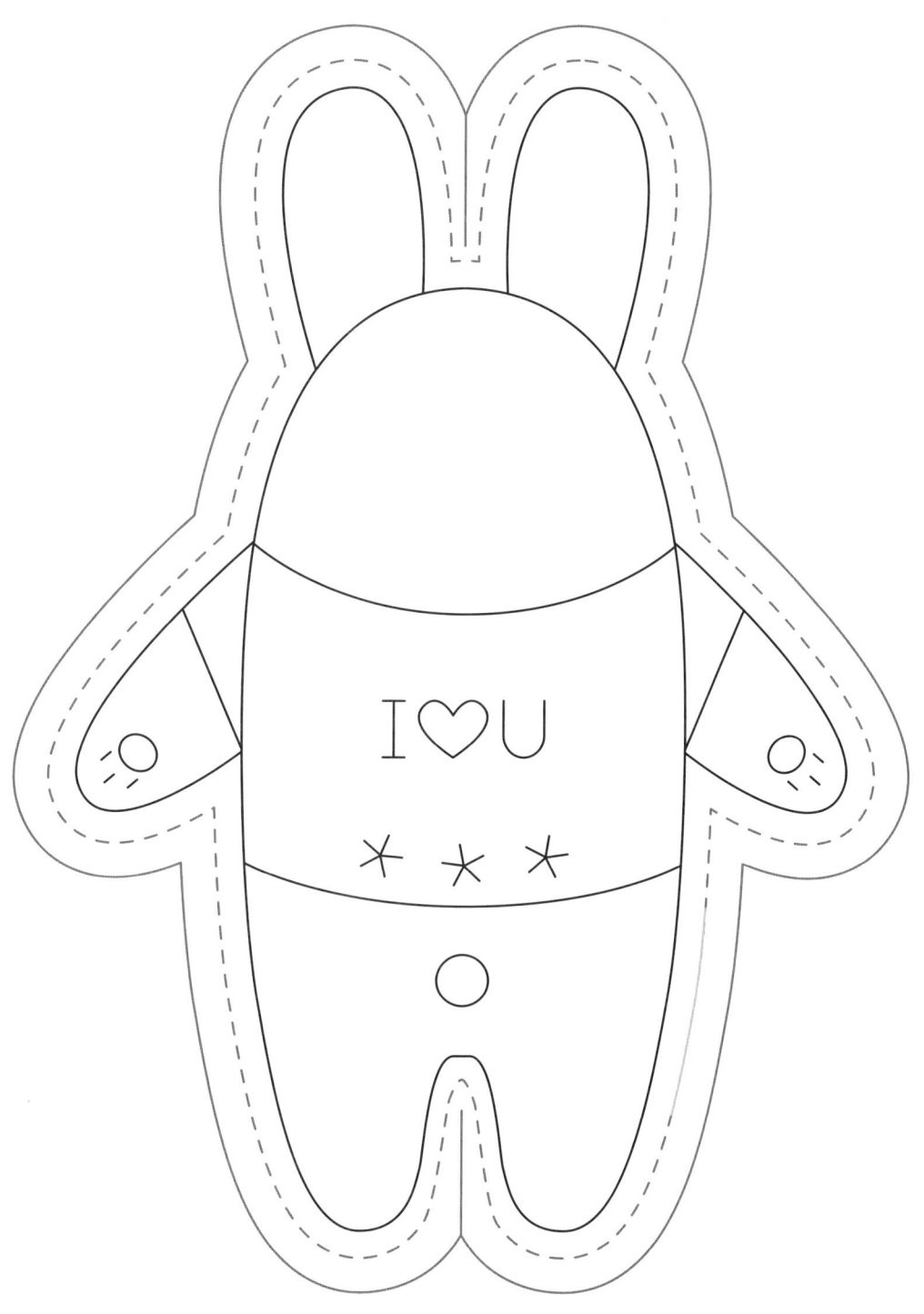

[뒤]

포근포근 스웨터 베어
148p

사랑스러운 스웨터 래빗
151p

| 모빌 | 숲속의 파티 모빌

맑은 날의 구름
154p

탐스러운 사과나무
156p

노란 봄 나비
158p

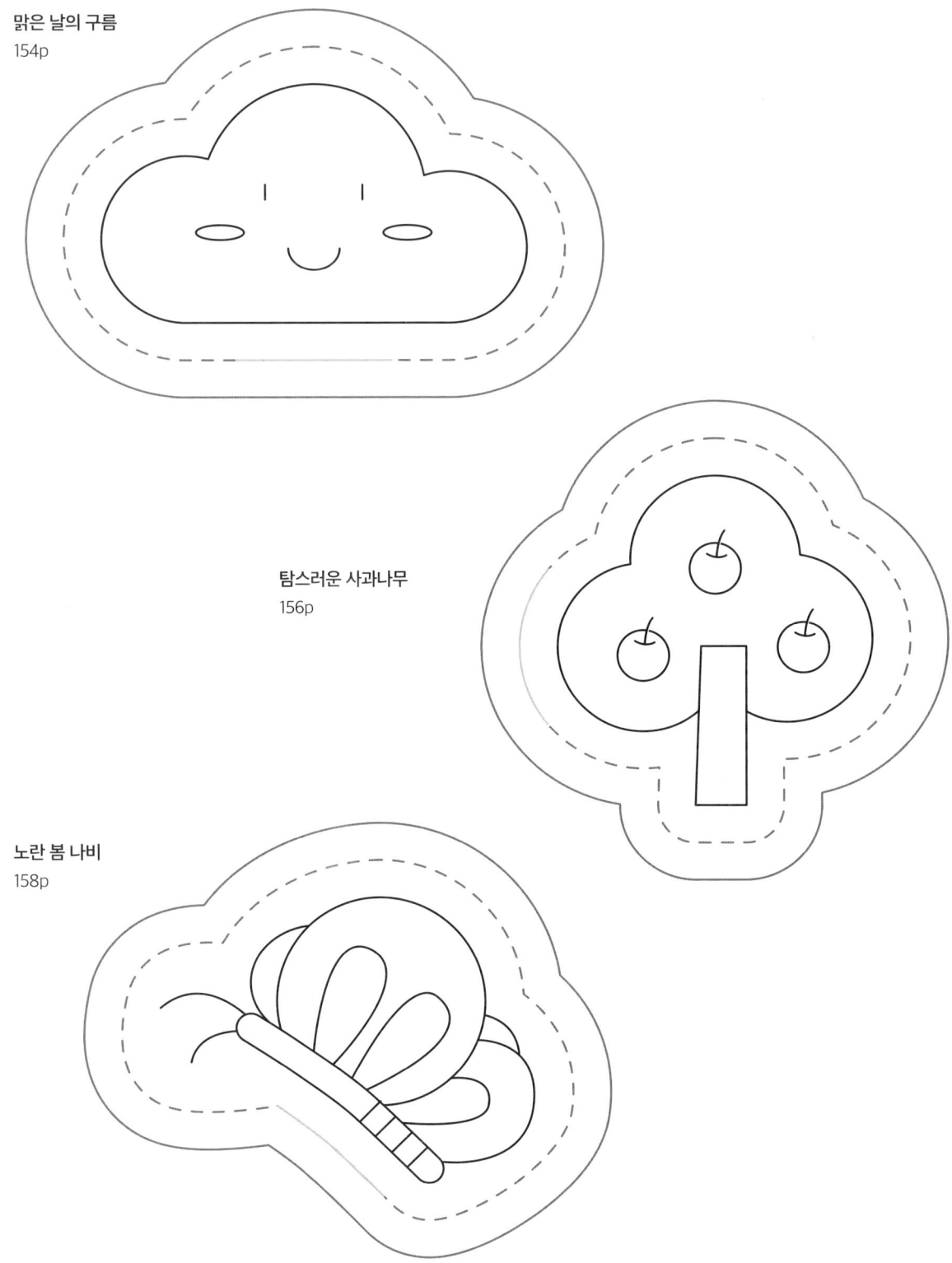

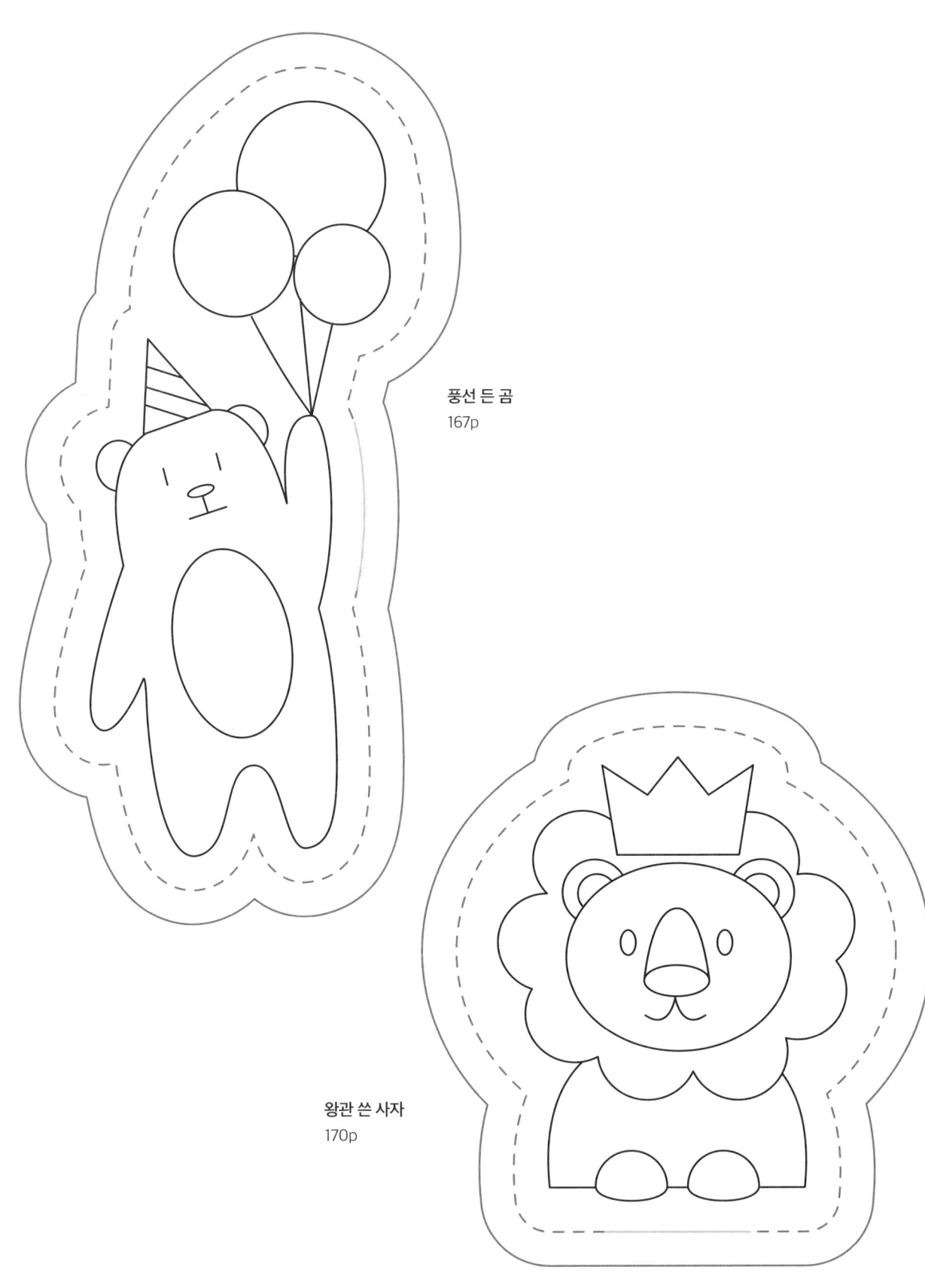

풍선 든 곰
167p

왕관 쓴 사자
170p

별님 달님 우리 아이 첫 초점 책 | 책

처음 만나는 책(표지)
176p

소원을 이루어 주는 달
184p

밤하늘에 반짝반짝 별
178p

온 세상을 비추는 해
182p

촉촉하게 내리는 비
180p

| 책 | 하나 둘 셋 숫자 책 |

숫자를 세어 보세요(표지)
188p

마음씨 좋은 9
208p

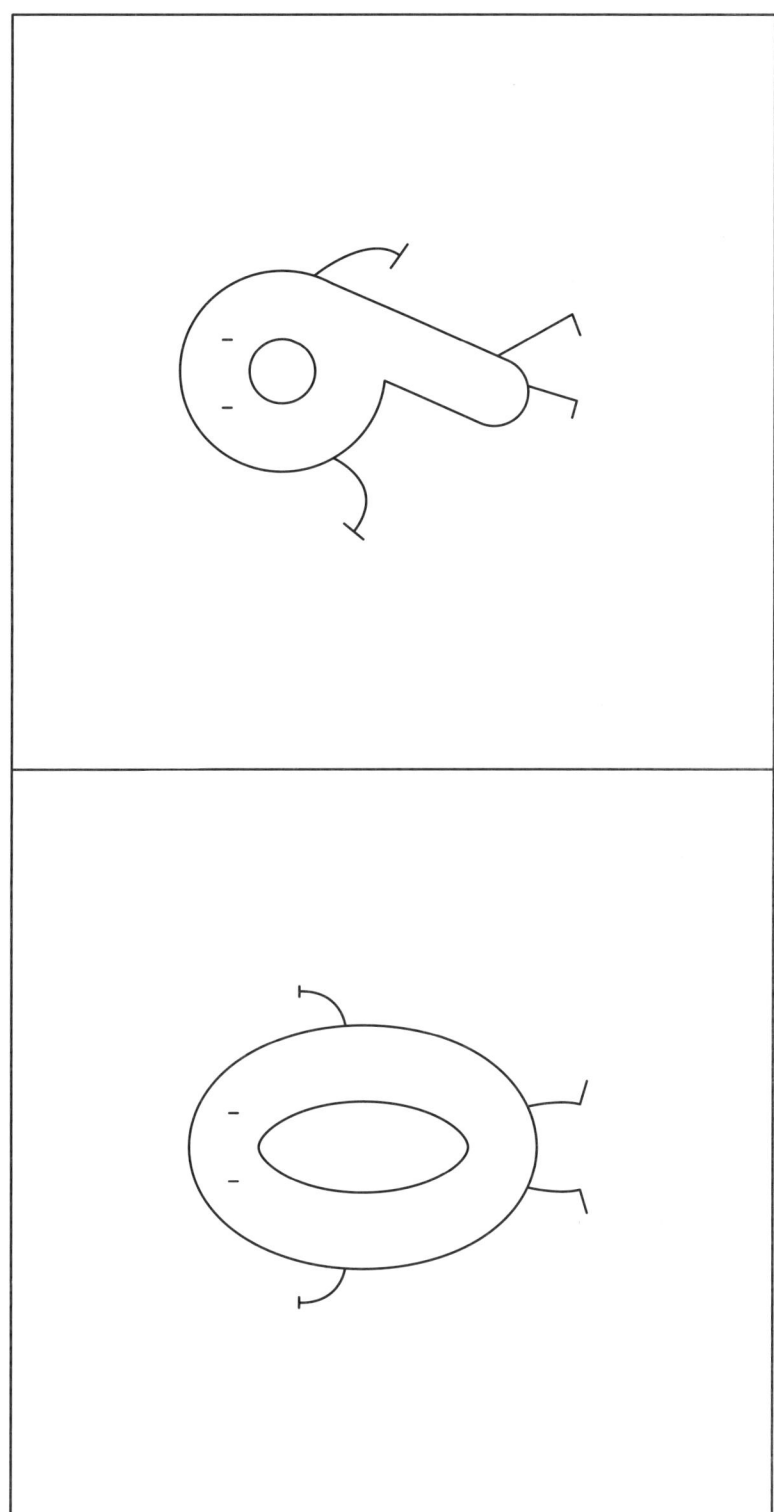

건강한 0
190p

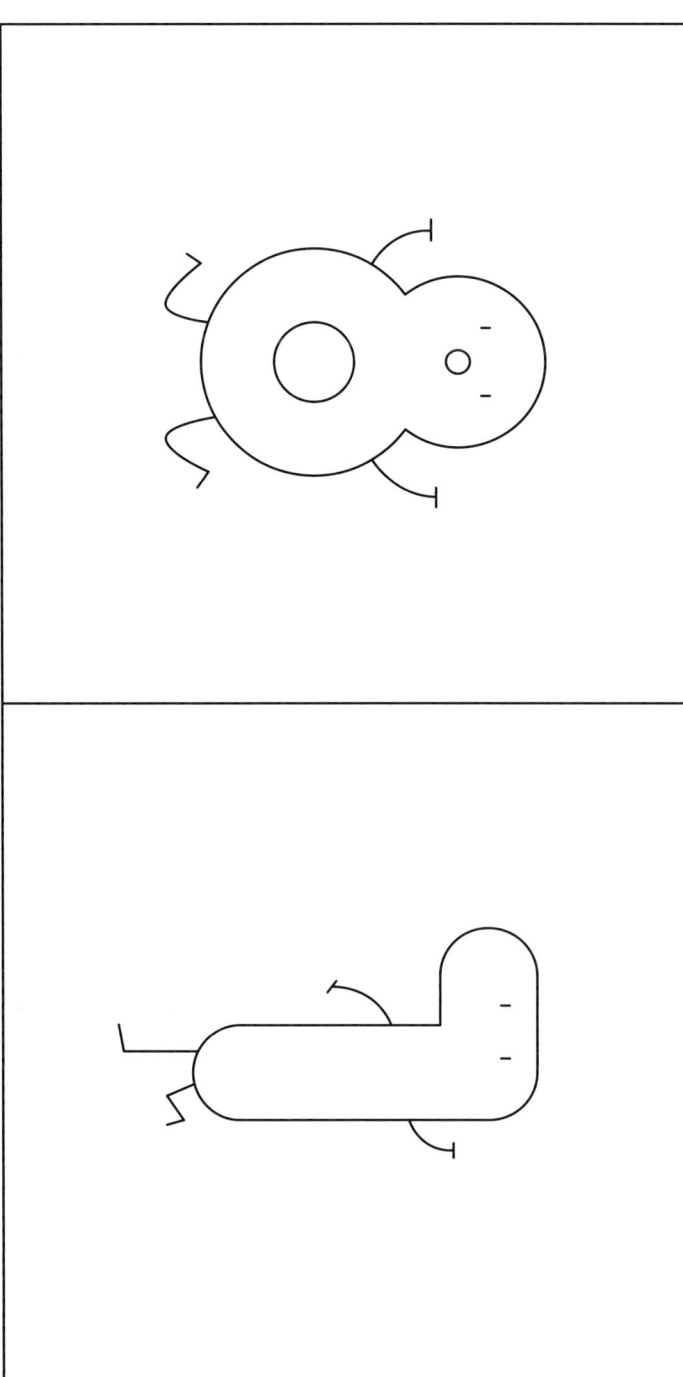

즐거운 8
206p

인기 만점 1
192p

똑똑한 7
204p

약속을 지키는 2
194p

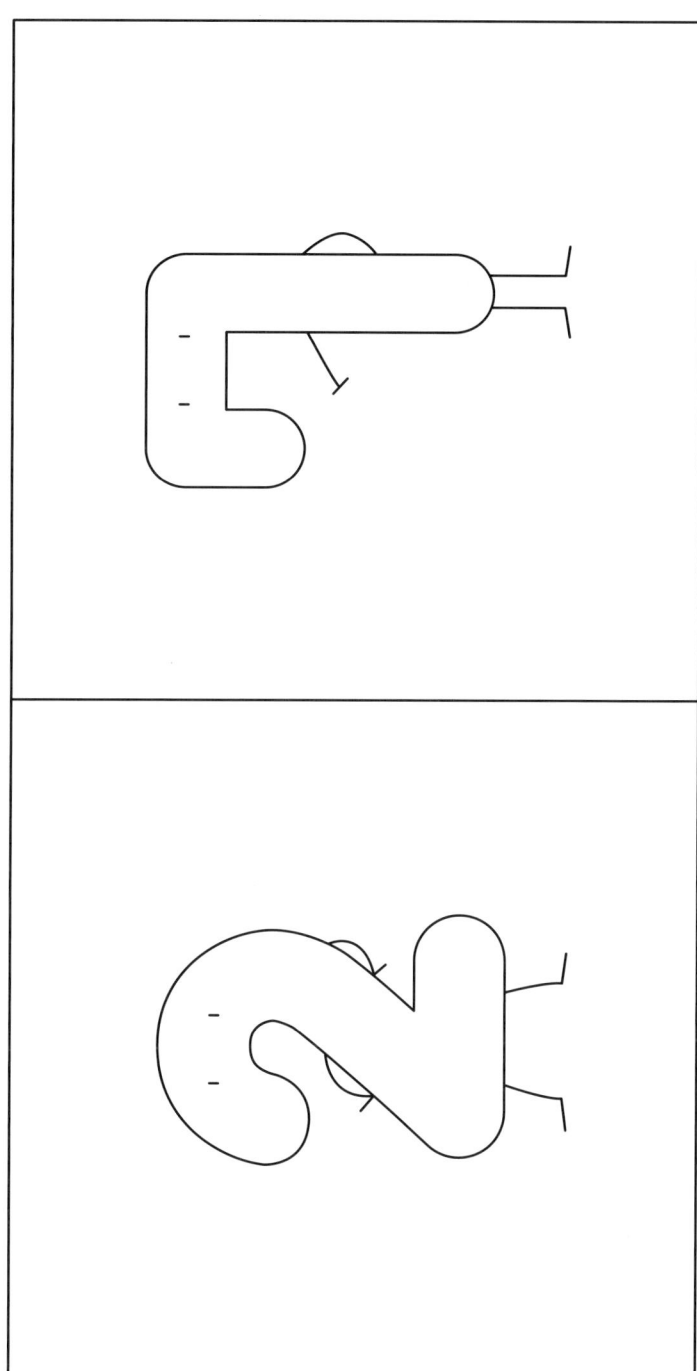

용감한 4
198p

의리를 지키는 5
200p

이야기꾼 3
196p

호기심 많은 6
202p

| 책 | 기역 니은 디귿 한글 책 |

한글을 따라 읽어요(표지)
212p

한글을 익혀요 히읗
240p

귀여운 곰돌이 기역
214p

풍선이 둥실 피읖
238p

나뭇잎이 살랑 니은
216p

튤립이 피었어요 티읕
236p

주황색 당근 디귿
218p

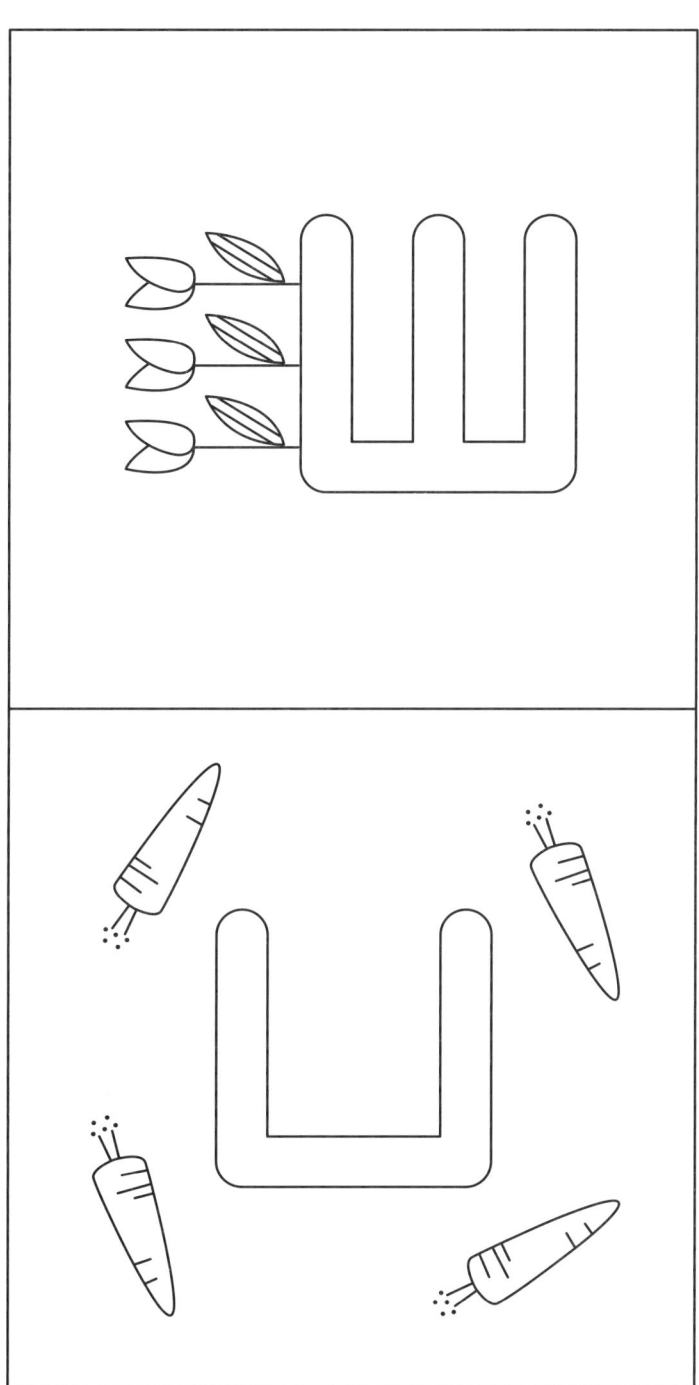

코끼리의 산책 키읔
234p

리본을 묶어요 리읕
220p

달콤한 체리 치읓
232p

모자를 써요 미음
222p

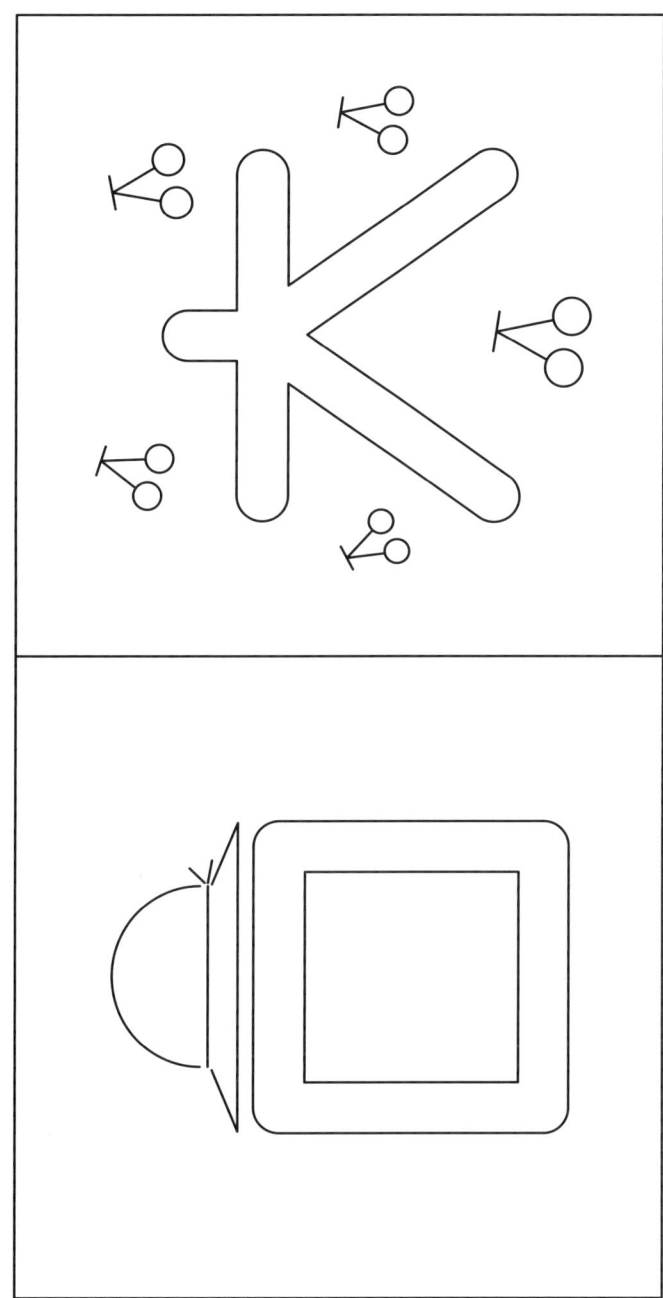

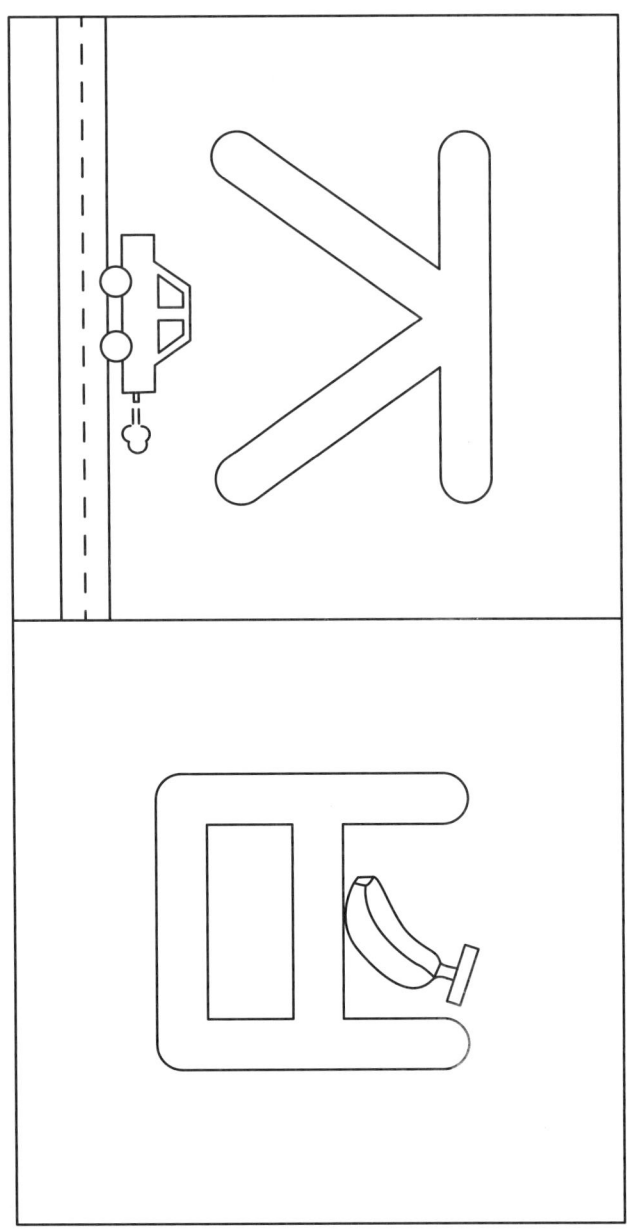

붕붕 자동차 지읒
230p

노란색 바나나 비읍
224p

비 오는 날은 우산 이응
228p

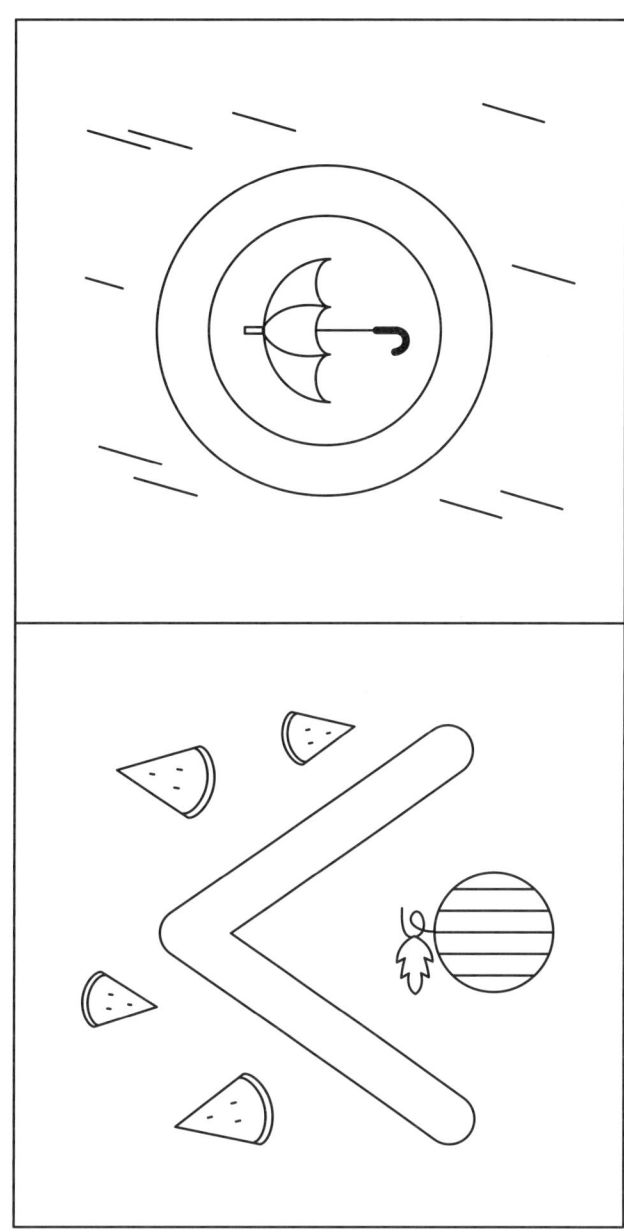

시원한 수박 시옷
226p

영어 이니셜 수놓기 **242p**

ABCDEFG
HIJKLM
NOPQRST
UVWXYZ

---

abcdefg
hijklm
nopqrst
uvwxyz